어른에게도

헤매는
시간이
필요하다

나를 소모하는 감정에서 벗어나는 자기 회복 수업

어른에게도

헤매는
시간이
필요하다

스기야마 다카시 지음 | 황소연 옮김

큰숲

인생의
의미를
되찾는 여행

．
．
．

당신이 이 책을 펼쳐 든 이유는 무엇인가요? 저명한 심리학자
인 지그문트 프로이트[Sigmund Frued], 카를 융[Carl Jung], 알프레드 아들
러[Alfred Adler]에게 관심이 있거나 심리학에 흥미가 있어서? 아니면
책 디자인이나 제목이 솔깃해서? 어떤 이유든 괜찮습니다.

　하지만 괴로운 마음을 치유하고 싶고 어른인데도 사춘기처
럼 방황하고 있다면 제대로 책을 고르셨어요. "난 그럭저럭 잘
살고 있는데요!" 하는 사람도 대환영입니다. 우리 인간은 언제
어디에서 길을 잃고 헤맬지 모르는 존재이니까요.

　"대체 무슨 근거로 그런 말을 하는 거지?" 하며 지금쯤 고개

를 갸우뚱하고 있을지도 모르겠네요. 지당한 말씀입니다. 저도 근거 없는 낭설은 질색이거든요. 하지만 애당초 인간의 마음은 방황을 위해 존재하는 장소입니다.

좀 더 상세히 이야기해 보면, 마음은 주위 환경에 맞추어 적절히 행동하기 위한 인체 시스템입니다. 마음은 주변 상황이 단순명료하면 가벼워지고, 주위 환경이 복잡하면 얼키설키 꼬이기 마련이지요.

조금 기이한 비유일지 모르겠으나, 개미핥기라는 동물을 예로 들어 볼까요? 가늘고 긴 혀로 개미를 핥아 먹는 개미핥기는 갈고리 모양의 앞 발톱으로 개미집을 파헤치는 아주 단순한 환경에 맞게 진화했습니다. 매일 반복되는 단조로운 일상에서는 방황할 필요가 없겠지요. 마음이 복잡하지 않으니 뇌도 단순해졌습니다. 즉 개미핥기는 방황 능력을 탑재하지 않은 '방황하지 않는 뇌'를 가졌습니다.

하지만 우리는 인간으로 살아가야 합니다. 사회라는 울타리가 우리를 지켜 주지만, 동시에 사회라는 번잡한 환경에 적응하기 위해 마음도 뇌도 복잡다단해졌지요. 인간은 '방황 능력을 탑재한 뇌'를 가졌기에 이리저리 헤매면서 살아가도록 만들어진 동물인 셈입니다.

길을 잃고 헤맨다고 해서 불행한 것은 결코 아닙니다. 지혜롭게 방황하면 스트레스가 한결 줄어듭니다. 또, 즐겁게 방황하면 즐겁게 생활할 수 있습니다. 모든 것은 마음먹기 나름이지요.

이 책은 아마추어 수준을 훌쩍 뛰어넘어 프로페셔널하게 방황하기 위한 방법을 제시합니다. 현대 언어로 풀어낸 심리치료사들의 명언은 지혜로운 방황을 돕고, 저마다 고민하고 있는 인생의 해답을 찾는 데 훌륭한 나침반이 되어 줄 것입니다.

일본의 전설적인 검객 미야모토 무사시宮本武藏가 임종을 앞두고 기록한《오륜서五輪書》라는 유명한 병법서가 있습니다. 병법의 철학이 담긴《오륜서》의 현대 버전이 이 책입니다. 요컨대 이 책은 흔히 말하는 노하우를 소개한 얄팍한 처세서와는 결이 다릅니다. 그럴싸한 노하우는 당장 읽기에는 쉬워 보일지 모르지만 쉽게 접근할 수 있는 만큼 생각의 깊이가 부족하니까요.

지금부터 소개할 심리치료사인 프로이트, 융, 아들러는 인간의 마음 깊은 곳, 그리고 인간이라는 생물의 실체를 고찰한 세계 3대 심리학자로 알려져 있습니다. 그들이 남긴 한마디에는 행복하게 방황할 수 있는 도움말이 확실히 담겨 있습니다.

명언 중에는 깊이 생각하지 않아도 곧바로 활용할 수 있는 방법론도 있지만, 되도록 당신의 상황이나 주변 환경을 떠올리면서 페이지를 넘겨 주세요. 자신의 상황에 이 책을 적용하다

보면 어렵지 않게 방황할 수 있고 나아가 여러분에게 가장 도움이 되는 해결책을 찾을 수 있을 거예요.

그럼, 의미 없는 방황을 끝내고 심리학자들의 명언을 바탕으로 인생의 의미를 되찾는 여행을 떠나 볼까요. 프로이트, 융, 아들러의 말이 당신을 편안한 여행길로 안내해 주리라 믿습니다.

명언 이야기를 하기 전에 프로이트, 융, 아들러는 어떤 학자인지 잠시 소개해 보겠습니다.

행복의 조건을 과학과 애정에서 찾았다!

프로이트

흔히 프로이트를 정신과 의사라고 오해하지만 이는 명백한 오류입니다. 그는 정신분석이라는 거대한 사상 체계를 구축한 정신분석학자이자 심리학자입니다.

원래 프로이트는 오스트리아 빈대학교 의학대학에서 공부하며 임상 의사로는 물론이고 과학자로 맹활약하고 싶어 했던, 에너지 넘치는 인물이었습니다. 연구 초기부터 신경과학, 오늘날 뇌과학이라고 부르는 분야에서 다양한 성과를 올렸습니다.

다만 '코카인 사건'으로 인해 의사로서도 과학자로서도 하루

아침에 명성이 실추되었지요. 프로이트는 코카인이 만능 진통제가 되리라 믿고, 이를 발견한 학자로서 인류에 공헌하고 대학교수로 입신양명하기를 기대했습니다. 하지만 연구 과정에서 수많은 코카인 중독자가 속출했습니다. 이 사건을 계기로 학계에서 퇴출당할 처지에 놓였고요. 코카인 사건은 프로이트를 전혀 예상치 못한 시련에 빠트렸습니다.

그러나 프로이트는 포기하지 않았습니다. 당시 미개척 분야였던 정신세계로 눈을 돌린 것이지요. 그리고 마음과 뇌를 접목한 과학적 심리학에 몰두했습니다. 그 당시 과학 기술로는 프로이트의 연구가 불가능했는데, 대신 정신 질환을 앓고 있는 환자를 치료하는 과정에서 마음과 뇌의 메커니즘을 규명하는 획기적인 방법을 고안해 냈습니다.

프로이트가 창시한 '정신분석'은 학계의 주목을 끌었고 의사를 중심으로 많은 지지자가 모이기 시작했습니다. 이들은 정신분석학회라는 조직적인 활동 단체로 발전했습니다. 융과 아들러도 당시 학회 활동에 참가한 의사들이었지요.

프로이트의 정신분석 이론에서 두드러진 특징을 꼽는다면 '성욕(에로스)'에 대한 고찰입니다. 에로스란 생존과 생식의 본능이라고도 달리 표현할 수 있을 테지요. 성적 욕망은 모든 생물의 근원적인 행동 원리라는 점이 오늘날 뇌과학 학계에서는 상식으로 통합니다. 인간을 포함해 모든 생물의 생활방식에 맞게 성 본능은 다양하게 표현되고 있지요. 이를테면 심리학에서는 자기긍정도 에로스의 파생물로 간주합니다.

하지만 프로이트의 주장은 큰 반향을 불러일으켰습니다. 그도 그럴 것이 프로이트가 활동한 19세기 말은 성욕을 공개적으로 입에 담기 어려운 시대였기 때문이지요. 이런 시대적 분위기에서 프로이트는 성적 본능을 과학적으로 논의했습니다. 충분히 상상할 수 있는 일이지만 프로이트에게 칭찬과 비난이 동시에 쏟아졌습니다. 실패도 비난도 모두 성장의 계기로 삼았던 프로이트는 더 열정적으로 연구에 매진했고, 그 결과 인간을 이해하는 새로운 장을 열었다는 역사적인 평가와 함께 오늘날까지 위대한 사상가로 추앙받고 있습니다.

왜 프로이트는 실패와 비난에도 전혀 흔들리지 않았을까요? 프로이트의 강인한 정신력의 원천은 유대인으로서 어린 시절부터 온갖 박해와 멸시를 받았다는 점에서 힌트를 찾을 수 있습니다. 존경하는 아버지가 무시당하는 모습을 목격한 순간, 소년 프로이트는 기필코 성공하겠다고 마음속으로 맹세했습니다.

위인전을 보면 호기심에 가득 찬 눈으로 "왜 그럴까?"라고 자문하며 스스로 생각하는 힘을 기르는 어린 시절이 소개될 때가 있는데 프로이트가 바로 그 주인공입니다. 유년기부터 갈고 닦아 온 과학자로서의 통찰력은 그가 세계적인 이론을 정립하는 데 비장의 무기가 되어 주었습니다.

프로이트가 암으로 세상을 떠나기 직전 극심한 통증으로 고통받고 있는 와중에도 "나는 명석한 사고를 사랑한다"라며 마약성 진통제 사용을 거부했다는 일화가 있습니다. 마음과 뇌의 학문 체계를 더 완벽하게 완성하기 위해 목숨을 바쳤다고 해도 과언이 아닙니다.

그렇기에 프로이트의 명언은 과학적으로 냉철하게 인간의 본질을 파헤치면서도 때로는 따스한 시선으로 우리를 위로해 주는 게 아닐까요.

행복은 인간 내면의 풍요 속에 존재한다!

융

융은 프로이트의 정신분석 운동에 적극 참여한 정신의학자로 초기 정신분석학회의 핵심 인물로 활동했습니다. 하지만 프로이트와 결별한 뒤 '분석심리학'이라는 독자적인 사상 체계를 정립했지요.

프로이트와 달리 애초에 융은 의학대학에서 정신의학을 전공하고 병원에서 정신 질환 환자를 돌보는 정신과 의사였습니다. 또한 유대인이 아닌 유럽인이라는 점도 프로이트와 다릅니다. 더욱이 경제적으로 부유하지는 않았지만, 융은 꽤 명망 있는 집안의 자제였기 때문에 프로이트처럼 출신 때문에 무시당하는 일은 없었습니다. 이런 이유 탓에 융은 사회적 성공에 집착하지 않았습니다. 오히려 만년에는 내면의 조화와 풍요를 인생 목표로 삼았을 정도이지요.

융은 스위스 바젤대학교 의학대학을 졸업한 후 취리히대학교 부설 병원에서 환자를 돌보다가 의대 교수가 된, 이른바 유럽의 정통 엘리트였습니다. 다만 융은 중견 학자로 명성을 쌓아가면서도 뭔가 늘 부족한 것 같다는 학문적인 회의감에 휩싸였는데, 이때 프로이트의 이론을 접하며 문제 해결의 실마리를 얻었습니다. 마침내 융은 프로이트의 주장을 지지하며 정신분석의 공동 연구 학자로 합류했습니다.

그 무렵 정신분석학회는 '괴팍한 유대인 모임'으로 폄훼되었는데, 여기에 저명한 대학에서 교편을 잡은 유럽인 엘리트가 가담한 것이지요. 출세와 성공에 관심이 많았던 프로이트는 융을 두 팔 벌려 환영했습니다. "융 덕분에 정신분석학회의 사회적 인지도가 쑥쑥 올라가겠는걸" 하며 프로이트는 회심의 미소를 지었을 테지요.

당시 융도 국제 정신분석학회의 초대 회장을 역임하면서 프로이트의 기대에 부응했습니다. 하지만 융이 오랫동안 품고 있던 마음의 고민을 프로이트는 따뜻하게 보듬어 주지 않았습니다. 오히려 매몰차게 무시했지요.

더욱이 융은 프로이트의 주장과 다른 의견을 전개함으로써 사사건건 충돌했고, 결국 정신분석학회, 그리고 프로이트와 결별하기에 이르렀습니다.

이후 재력가의 도움으로 '사이콜로지 클럽 취리히Psychology Club Zurich'를 설립하고 분석심리학 연구에 매진했습니다. 만년에는 무려 33년간 증개축을 거듭한 소박한 별장에서 집필과 사색에 빠져 행복한 나날을 보냈습니다. 이 별장은 전문가의 지도를 받으며 융이 설계와 공사에 직접 참여했다고 합니다. 무엇인가를 만듦으로써 마음이 치유된다는 융의 신념은 오늘날 예술 치료 분야에 적극적으로 활용되고 있습니다.

융의 사상적 특징을 꼽는다면 '얼핏 아픈 것처럼 보이는 심리 상태라도 그 사람 나름대로 건강하다'라는 인간관을 피력했다는 점입니다. 달리 표현하면 단순히 '평범하지 않다, 상식적이지 않다'라는 이유만으로 부정하거나 비난해서는 안 된다는 것이지요.

프로이트, 융, 아들러 중에서 병리에 관해 가장 관대한 견해를 가진 정신의학자가 바로 융입니다. 그는 인간의 모습과 마음 상태를 '건강' 혹은 '질병'으로 안일하게 구분하는 이분법적 태도에 비판적이었습니다.

그렇다면 앞서 소개한 프로이트에게 철저히 외면당한 융의 말 못 할 고민거리는 무엇이었을까요? 융은 어린 시절부터 상당히 예민한 기질의 소유자였는데, 자신의 마음속에 두 가지 인격이 존재한다고 생각했습니다. 예전에는 '다중인격'이라고 불렸던 병리 현상을 겪었죠. 이런 자신의 내면을 힘겨워하면서 융은 혼자 전전긍긍했습니다. 그가 마음의 병에 너그러운 시선을 보내는 이유에는 어쩌면 자신의 경험이 관련 있는지도 모릅니다.

이와 관련한 융의 이야기는 다음 기회에 소개하기로 하고, 이 책에서는 진정성 가득한 융의 명언을 음미해 주세요.

행복의 열쇠는 삶의 태도와 인간 사회 속에 있다!
아들러

아들러는 프로이트와 마찬가지로 유대계 출신으로, 오스트리아 빈대학교 의학대학을 졸업한 후 처음에는 안과, 내과 의사로 일하며 환자들을 진료했습니다. 아들러의 관심이 정신과로 기울던 시기에 마침 프로이트의 저작물에 서평을 썼고, 이를 계기로 프로이트는 아들러를 자신의 토론 모임에 초대했습니다. 프로이트가 주최하는 정신분석 운동에 아들러도 합류한 것이지요.

프로이트와 결별한 후에는 '프로이트의 제자'로 불리는 것을 꺼려서 프로이트가 직접 보낸 초대장을 항상 갖고 다녔다는 일화까지 있습니다. 초대장은 아들러가 프로이트의 제자가 아닌 프로이트와 대등한 관계임을 알려 주는 증표였던 셈이지요.

정신분석학회를 탈퇴한 뒤에는 군의관으로 참전했던 경험을 살려 '개인심리학'이라는 새로운 이론을 정립했습니다. 아들러가 창시한 개인심리학의 핵심 키워드는 '목적론'과 '공동체감각', 그리고 '권력(우월) 욕구'입니다.

먼저 목적론은 어려움에 직면했을 때 대응하는 사고방식과 밀접한 관련을 맺고 있습니다. 우리는 문제가 발생하면 대부분 "왜 이런 일이 생겼을까?" 하고 원인을 찾으려고 합니다. 하지만 범인 찾기나 책임 전가로 끝나기 십상이지요. 게다가 원인을 찾는 동안 사태가 더 심각해질 때도 있고요.

따라서 우선은 "장애물을 어떻게 극복할 수 있을까? 피해를 줄이려면 어떻게 해야 할까?" 하고 문제 해결을 위해 지혜를 모으는 쪽이 더 나은 결과로 이어집니다. 더욱이 문제가 일단락되었을 때 재난을 예방하듯 다음 문제에 미리 대처하려고 노력하다 보면 밝은 미래를 개척할 수 있을 테지요. 이처럼 어제의 시련에 갇히지 않고 오늘보다 나은 내일을 맞이하려는 긍정적인 사고법이 바로 개인심리학에서 말하는 목적론입니다.

그 다음 공동체 감각은 '개인은 전체 인류나 생명체 가운데 하나의 구성원으로 개인이 그 전체와 함께 공생한다고 실감할 수 있는 것'을 뜻합니다. 더 보태 설명하면 자기 수용, 타인에 대한 신뢰, 소속감, 그리고 공헌하는 마음(남에게 도움을 준다는 느낌) 이 네 가지 요소가 갖추어진 상태를 의미합니다.

실제로 아들러는 제1차 세계대전 당시 군의관을 지내며 전쟁을 몸소 겪었는데 이때 공동체의 필요성을 절실히 느꼈습니다. 군인들이 다치고 죽어 나가는 모습을 지켜보면서 "지금 이 세상에 가장 필요한 것은 신식 무기도 아니고, 새로운 정부도 아닌 오직 공동체 감각이다"라고 목소리를 높였습니다. 분명 전 세계가 공동체 감각으로 똘똘 뭉친다면 전쟁 따위는 일어나지 않을 테지요. 만약 국가끼리 이해관계가 상충하더라도 서로 양보하는 평화적인 해결이 충분히 가능할 것입니다.

마지막으로 권력(우월) 욕구는 프로이트가 주장한 성적 본능을 대신하는 개념으로, 열등감에 대한 보상이라고도 일컫습니다.

우리가 사회에서 제대로 삶을 영위하기 위해서는 저마다 갖춰야 할 지위나 역할이 필요합니다. 열등한 부분이 있다면 아무래도 개인의 입지가 그만큼 줄어들겠지요. 따라서 열등한 부분을 보충하기 위해 주변 사람보다 더 우월한 무엇인가를 추구하려는 본능이 작동하는데, 이를 권력 욕구 혹은 우월성 추구라고 합니다. 아들러는 권력 욕구야말로 인간의 근원적인 본능이라고 주장하면서 프로이트와 대립했습니다. 넓은 의미에서 권력을 향한 의지도 생존과 생식의 본능적 파생물이라고도 말할 수 있는데, 오늘날에는 프로이트가 강조한 성적 본능보다 우월성 추구가 인간의 생활상에 가까운 욕구를 다룬다고 여깁니다. 이런 연유에서 아들러가 주창한 개인심리학은 심리상담과 심리치료는 물론이고 목적론과 공동체 의식을 포함해 조직 운영이나 자기계발 분야에서도 단골 주제로 활용됩니다.

그렇다면 왜 아들러는 프로이트와 대립하면서까지 권력 욕구를 주장했을까요? 정확한 사실은 모르지만 실제 자신이 어린 시절에 질병으로 고생한 체험 때문에 의사가 된 사실, 그리고 개업의 시절 많은 환자가 자신의 열등감을 극복하고 저마다 역할을 찾아가는 모습을 직접 목격한 경험에서 나온 진리 때문이 아닐까 조심스럽게 추측해 봅니다.

과학자로서 인간을 객관적으로 파악하려고 했던 프로이트나 심층 심리와 내적 조화에 주목한 융과 다르게, 아들러는 생동감 넘치는 개인의 생활양식, 이른바 인간의 생생한 삶 자체에 관심을 가진 인본주의 심리학자입니다. 따라서 아들러의 명언은 미래지향적이면서도 긍정적인 삶의 자세를 익히는 데 도움을 주리라 확신합니다.

이처럼 심리학의 3대 거장인 프로이트, 융, 아들러는 저마다 개성이 풍부했고, 서로 다른 시각에서 인간을 바라보았습니다. 세 학자의 한마디에 귀 기울이다 보면 인생의 고민을 해결하는 만능 키를 분명 발견할 것입니다.

그럼 세 학자가 엮어 내는 인간과 인생의 진실을 향해 힘차게 첫걸음을 내디뎌 볼까요.

1장.
**어른이 되면
행복이
더 가까워질 줄
알았다**

2장.

**휘둘리지도
포기하지도 않는
마음의
태도**

3장.

선택의 기로에서
나에 대한
확신이
사라질 때

4장.

인간관계가
미로처럼
느껴지기만
한다면

어른이 되면
행복이
더 가까워질 줄
알았다

당신은 지금 행복한가요? 아니면 불행한가요?

"행복합니다" 또는 "불행합니다"로 명쾌하게 답할 수 있는 사람은 어쩌면 방황과는 거리가 멀 수도 있겠습니다. 행복 혹은 불행을 곧바로 대답하지 못하는 사람이 대다수일 테니까요.

"맑은 날도 있고 흐린 날도 있듯이, 행복할 때도 불행할 때도 있어요!" 하고 대답하는 사람도 있겠지요. "그야, 행복을 어떻게 정의 내리느냐에 따라서 달라지지 않을까요?" 하며 반문하는 사람도 있을 테고요.

"애초에 인생에서 행복을 찾는 것 자체가 어불성설 아닐까요?" 하며 행복에 강한 의구심을 품는 사람도 더러 보입니다. 이런 사람들은 대개 불행은 행복을 정의하는 순간부터 시작된다고 믿는 것 같습니다.

이렇듯 행복에 대해 말하기 시작하면 늦은 밤까지 토론이 이어질 정도로 끝이 없습니다. 지금쯤 머리가 지끈지끈 아픈 사람들도 있을 테지요. 하지만 어떤 이론이나 견해와는 별개로, 우리의 마음은 언제 어디서나 행복을 찾고 있습니다.

현대 사회는 여러모로 풍족한 세상입니다. 적어도 인간은 생물 개체로서 생존의 문제만큼은 크게 위협을 느끼지 않을 테지요. 생존이라는 생명체의 본질이 위협받지 않는다면 인간답게 살아가기 위한 욕구를 충족시키는 일이 우리의 다음 목표입니다.

요컨대 우리는 인생에서 '생존 이상의 무엇인가'를 갈망하고, 그것을 찾아 인생을 곱게 색칠하려고 합니다. 그리고 아름답게 채색된 인생을 우리는 '행복'이라고 부릅니다.

그렇다면 당신은 행복을 찾고 있나요? 네, 물론 저도 간절히 행복을 원합니다. 상담실을 찾아온 많은 사람이 저를 두고 행복을 찾아 주는 조력자를 기대합니다. 모든 사람의 이야기로 일반화하는 것 같아서 조심스럽지만, '사람은 행복을 추구하는 생물'이라고 힘주어 말하고 싶습니다.

1장에서는 인생과 마음에 대해 깊이 통찰한 프로이트, 융, 아들러가 남긴 말을 곱씹어 보며, 내면을 갉아먹는 걱정거리를 떨쳐 내고 행복에 이르는 효과적인 방법을 소개할 예정입니다.

그럼 1장을 읽을 때 도움이 될 만한 이야기를 잠시 해 보지요.

행복을 찾아가는 길은 아주 단순합니다. 다음에 소개하는 두 가지 규칙만 지킨다면 누구나 곧바로 행복해질 수 있습니다.

행복을 방해하는 것들과 적당히 거리를 둔다.
행복을 느끼게 하는 것들과 가까이 지낸다.

단언컨대 행복으로 향하는 지름길은 이 두 가지뿐입니다.

하지만 이를 실천하는 사람은 많지 않아 보입니다. 혹시 여러분도 행복을 잃어버린 적이 있나요? 아주 단순명쾌한 방법인데 왜 많은 사람이 이를 실천하지 못하고 행복에서 멀어져 버릴까요?

그 이유는 인간의 마음과 뇌가 지나치게 복잡하다 보니 매 순간 '착각'하기 때문입니다. 마치 우리가 즐겨 보는 애니메이션이 진짜 움직인다고 느끼고, 그 속에 등장하는 인물들이 실제로 말하고 있다고 착각하듯이, 행복과 거리가 먼 것을 행복이라고 오인하고 불행과는 오히려 거리가 먼 상황을 불행하다고 생각하고 있습니다. 이를테면 다친 사람을 도와준 은인을 가해자로 오해하는 것처럼 말이지요.

　정리해 보면, 1장은 '행복으로 이어지는 길처럼 보여도 실은 불행으로 치닫는 순간'과 '행복에서 멀어지는 길처럼 보여도 실은 행복의 입구에 서 있는 순간'을 구별하겠다는 마음으로 읽는다면 좋겠습니다.

　1장의 마지막 페이지를 펼칠 즈음에는 행복을 바라보는 당신의 생각이 180도로 바뀌어 스스로 행복과 함께하기를 간절히 바랍니다.

남의 말에
기대고만 싶을 때

조언이 독약처럼 해로울 때도 있다.

융

"심리치료사의 명언을 통해 인생의 답을 찾는다"가 모토인 책에서 조언이 해롭다니, 과연 이게 무슨 상황인가 하며 의심스러운 표정을 짓는 사람도 있겠지요. 충분히 일리가 있는 지적입니다. 명언이란 현자가 우리에게 건네는 조언이라고 달리 표현할 수 있을 테니까요.

하지만 융의 명언은 여러분이 행복 앞에서 갈팡질팡할 때 떠올려야 할 말입니다. 그도 그럴 것이 인생의 길을 잃었을 때야말로 마음은 '해답'에 굶주려 있는 상태니까요. 이런 마음의 아사 상태는 굉장히 위험한 상황입니다. 그대로 방치해 두면 자신도 모르는 사이에 행복과는 정반대의 방향으로 직진할 수도 있습니다. 이런 연유에서 행복으로 향하는 첫걸음으로, 우리를 행복에서 멀어지게 하는 것들을 꿰뚫어 보고 훼방꾼을 피하는 힌트를 알려 드리겠습니다.

조금 엉뚱하게 들릴지도 모르지만 행복의 정반대, 불행 쪽에서 이야기를 시작해 볼게요. 지금껏 한 번도 경험하지 못한 곤경에 처한 자신의 모습을 상상해 보세요.

당신은 한 걸음만 더 디디면 절벽 아래로 굴러떨어지는 절체절명의 순간처럼 지금까지 쌓아 온 신용이나 신뢰, 사회적 위치, 재산 등 자신의 인생이 송두리째 부정당할 만큼 최악의 상황에 처했습니다. 당장 내일 일이 어떻게 될지 몰라서 불안에 떨면서, "도대체 왜 이런 일이 나한테 생겼을까?", "어떻게 해야 하지?" 하며 보이지 않는 답을 찾아서 이리저리 헤매고 있습니다.

이때 저 멀리 아주 희미한 빛이 보이기 시작한다면 그쪽으로 냅다 달려가지 않을까요? 더욱이 거기에서 실낱같은 희망이라도 느껴진다면, 그래서 조금이라도 불안감이 잦아든다면 맹목적으로 그 빛에 매달리지 않을까요?

이를테면 "괜찮아요, 제가 좋은 방법을 알고 있어요!", "이렇게 해 봐요!" 하고 누군가 당신에게 희망의 빛줄기가 될 만한 말을 속삭인다고 가정해 봅시다. 그 순간 바로 그 사람은 구세주로 보일 거예요. 샤워기의 물줄기처럼 희망이 하늘에서 내리퍼 붓는 듯한 마음의 평온을 느낄지도 모르죠.

실제로 인간은 극도의 불안감에 휩싸였을 때 그 불편한 감정을 조금이라도 덜어 주는 무언가에 놀라울 만큼 마음을 뺏깁니다. "내가 시키는 대로 하면 다 괜찮아!", "이렇게 하면 감쪽같이 해결할 수 있어!" 같은 그럴싸한 조언이 너무 달콤해서 곧바로 중독되고 맙니다.

인생의 장애물이 높게 가로막고 있는 때일수록 다음 두 가지 말을 꼭 기억해 주세요.

인간의 뇌는 확신에 찬 목소리에 영향을 받기 쉽다.
확신에 찬 목소리로 조언하는 사람이나 단체에 빠지면 생각 자체를 멈추기 쉽다.

이렇듯 우리의 마음은 확신을 갖고 목소리를 높이는 무엇인가에 의지하려고 합니다. 심지어 확신에 홀리면 주체성이나 개인의 자유의지를 포기할 정도로 이성 자체가 멈출 수도 있습니다. 이는 사회심리학 실험에서도 거듭 증명된 사실입니다. 인간은 누군가의 확신에 기대고 싶다는 바람을 은연중에 품고 있습니다. 결과적으로 해결책과는 전혀 거리가 먼 것을 정답이라고 맹신하게 되는 것이지요.

잘못된 해답, 즉 오답을 선택하면 행복에서 멀어지고 맙니다. 융의 명언은 상처 난 인생을 치료해야 하는 순간, 다시 말해 행복 앞에서 길을 잃고 헤맬 때일수록 "희망의 빛줄기처럼 보이는 달콤한 조언을 곧이곧대로 따르지 말고 분별력을 갖추라"라는 의미입니다.

물론 타인의 도움말이 위로가 될 때도 있습니다. 하지만 인생의 의미를 상실하고 전혀 희망이 보이지 않을 때, 누군가 여러분 곁에 바짝 다가서서 그럴듯한 조언을 건넨다면 일단 의심해 보는 쪽이 바람직합니다. 그 조언이 명백한 오답이라도 확신이라는 마취제 탓에 솔깃하게 들릴 수 있을 테니까요.

극단적으로 말하자면 조언해 주는 사람에게 절대적으로 의지하며 세뇌당할 수도 있습니다. 거듭 당부하지만, 길이 보이지 않을 때일수록 타인의 충고는 신중하게 받아들여야 한다고 가슴에 꼭 새기세요. 우선은 의심의 눈초리로 바라보세요. 의심하고 또 의심해도 신뢰할 수 있다면 그때 그 도움말을 믿으세요.

앞이 캄캄해서 견디기 힘들 만큼 불안해서 누군가의 말에 그저 기대고만 싶어진다면 융의 말을 떠올려 주세요.

책임감이 나를
짓누르는 것 같을 때

책임은 누구에게나 불편한 존재다.

프로이트

한 시대를 풍미했던 희극인 우에키 히토시植木等를 아시나요? 그의 유머는 함박웃음을 선사할 뿐 아니라 경직된 부동자세를 무장 해제시키는 독특한 경쾌함이 압권입니다. 이처럼 보는 이의 긴장을 풀게 하는 비결을 꼽는다면, '무책임 남자'를 개그 콘셉트로 내세우며 잠시나마 사람들을 묵직한 책임감에서 벗어나게 해 주는 우에키의 진솔한 익살이 아닐까 싶습니다.

사회인으로 생활하다 보면 유독 책임감이 어깨를 짓누르는 순간이 있습니다. 책임이라는 단어와 비슷한 의미로 쓰이는 책무, 의무, 임무도 하나같이 무거운 울림으로 다가옵니다. 실제로 "책임져야 할 일이 늘어나다 보니 너무 힘드네요"라며 상담실을 찾는 직장인들이 무수히 많습니다.

그럼 이번에는 책임감, 의무감 때문에 행복하지 못하다고 느낄 때 위로가 될 만한 한마디를 소개하겠습니다.

"책임은 누구에게나 불편한 존재다"라는 프로이트의 말처럼 책임을 달가워하는 사람은 없을 테지요. 일이 순조롭게 진행되지 않는 상황에서 책임을 추궁당하면, 게다가 오롯이 혼자 무거운 짐을 져야 한다면 그런 생각만으로도 극심한 스트레스를 받게 됩니다.

그렇다면 이토록 우리를 불행에 빠뜨리는 책임이란 도대체 무엇일까요?

예로부터 철학적 논의에 자주 등장할 만큼, 책임은 깊이 생각할수록 어려운 주제입니다. 하지만 심리학의 관점에서 바라본다면 아주 단순해집니다.

처음에 인간이 모여서 사회를 만들었습니다. 그리고 사회를 구성하는 구성원들이 미리 정해 놓은 규칙에 따라 행동함으로써 사회는 유지되었습니다. 책임이란, 우리를 둘러싼 세계가 사회의 규칙을 준수할 것을 강력하게 요구하는 상황을 말합니다. 더 무겁게 표현한다면 주위의 기대에 부응하겠다는 약속이며, 만약 기대에 부응하지 못했을 때는 벌을 받아도 감내하겠다는,

일종의 불평등 계약을 맺은 상태와 동일합니다.

더욱이 인간의 뇌는 책임에 민감하게 반응하도록 진화했습니다. 달리 표현하면 우리는 사회 질서나 규율과 관련해 주변의 시선을 강하게 의식합니다. 책임을 완수했을 때 쏟아지는 박수갈채를 갈망하면서도 한편으로는 책임을 다하지 못했을 때 돌아올 비난이나 벌을 두려워합니다.

좋든 싫든 바로 이런 마음을 지닌 것이 우리 인간입니다. 어쩌면 너무 가혹한 운명에 처한 존재 같기도 합니다. 하지만 몇만 년 동안 사회를 꾸려 온 조상들의 지혜이자 유산이기에 운명으로 받아들여야 하겠지요.

이런 연유로 꽉 막힌 분위기를 시원하게 뻥 뚫어 주는 익살꾼이 시대마다 등장했습니다. 앞서 소개한 우에키 히토시의 바통을 이어받은 다카다 준지高田純次 또한 '미스터 대충대충'이라는 캐릭터로 인기를 얻었지요. 시간이 흘러 21세기에도, 그 이후에도 우리의 책임에 대한 무게를 덜어 줄 일명 '무책임' 개그맨이 필요합니다.

다시 프로이트의 명언으로 돌아올까요. 행복에 가까워지려면 불편한 책임감과는 적당히 거리를 두어야겠지요. 그런데 어떻게 거리를 두면 좋을까요?

이 물음의 해답을 우에키 히토시의 개그에서 찾을 수 있습니다. 우에키가 등장하는 촌극을 보면 우선 모든 사람이 저마다 책임감 있게 행동하는 질서 정연한 세계가 펼쳐집니다. 그 세계의 무대는 연주회장이나 병원 등으로 다양하지만, 미리 정해진 규칙에 따라 일사불란하게 움직이는 격식을 차린 사회라는 공통점이 있습니다.

터질 듯한 긴장감이 감도는 무대에 우에키가 불쑥 끼어들어서 격식을 깡그리 허물어뜨립니다. 뭔가 변화를 감지한 사람들이 동시에 우에키를 째려봅니다. '무책임 남자'에게 제재를 가하려는 일촉즉발의 순간이지만, 우에키는 전혀 아랑곳하지 않고, "나 불렀수? 아니면 말고! 그럼, 이만 실례!" 하며 유유히 무대에서 사라집니다.

우에키처럼 사회가 미리 짜 놓은 틀이나 형식에 지나치게 집착하지 않는다면 책임과 적당히 거리를 둘 수 있겠지요. 사회에는 무수히 많은 규칙과 격식이 존재합니다. 함부로 사회 질서를 깨뜨려도 안 되지만 사회적 역할에만 얽매이면 행복에서 멀어지고 맙니다.

책임의 굴레에 빠져 앞이 보이지 않는 절망의 순간, "아니면 말고"의 마음가짐으로 다음 무대의 역할로 과감히 시선을 돌리면 뜻밖의 실마리가 보일 수도 있습니다.

왜 슬픔을
느낄까요

행복은 슬픔과 균형을 이룰 때 더욱 빛난다.

융

종종 우리를 찾아오는 슬픔은 아픔을 동반하는 감정입니다. 그 렇다면 왜 우리는 이토록 가슴 아픈 감정을 느껴야 할까요? 사 람은 슬픔을 통해 더 행복해질 수 있기 때문입니다.

위 명언은 가슴이 아려서 너무 고통스러울 때 읽어 주세요. 적어도 슬픔의 쓰임을 찾을 수 있을 테니까요.

혹시 태어나서 처음으로 울고 싶을 만큼 슬펐던 일을 기억하 나요? 아주 어릴 적 놀이동산에서 받은 풍선이 빵 터졌을 때, 손 꼽아 기다리던 가족 여행이 취소되었을 때, 엄마가 화난 얼굴로 혼낼 때, 어린 시절 소중히 여기던 무언가와 헤어져야 했을 때,

엄마 아빠가 언젠가는 하늘나라로 떠난다는 사실을 알게 되었을 때….

이처럼 머릿속에 떠오르는 기억은 저마다 다르겠지요.

제가 정말 좋아하고 따르던 할아버지가 어린 저에게 이런 말씀을 하신 적이 있습니다.

"얘야, 네가 어른이 되면 아마도 이 할애비는 저기 저 하늘나라에 있을 거야!"

당시 유치원생이었던 저는 이 말의 뜻을 단번에 이해할 수는 없었지만, 시간이 지나며 조금씩 할아버지의 말씀이 무엇을 의미하는지 알 수 있었습니다. 그러자 슬픔이 파도처럼 밀려오면서 가슴이 무척 시렸습니다. 너무나 가슴이 아파서 더 이상 그런 생각 자체를 떠올리지 않았고요. 어린 마음에도 사별의 사무침을 예감했는지도 모르겠습니다.

덕분에 할아버지와 함께하는 모든 시간을 소중히 여기게 됐습니다. 저는 소년으로 성장했고 저를 둘러싼 세상이 조금씩 넓어지면서 할아버지와 보내는 시간은 그만큼 줄어들었지요. 하지만 짧은 시간이라도 할아버지와 같이 보낸, 지극히 보통의 나날은 지금도 제 마음속에 생생히 살아 있습니다. 전혀 특별하지 않은 그 평범한 순간들이 제 기억 속에 또렷이 남아 있는 이유는 무엇일까요? 가슴 아린 슬픔을 맛봄으로써 상대적으로 할아버지가 살아 있다는 데서 느낀 행복감이 매우 컸기 때문이지요.

실제로 슬픔이 우리에게 주는 아픔은 생존 본능과 연관된 어떤 의미를 알리는 신호입니다. 그 의미란 '무엇인가를 상실하면 행복에서 멀어진다'라는 깨달음이지요. 요컨대 슬픔은 행복이 무엇인지 가르쳐 주는 선생님입니다. 바꿔 말하자면 우리는 슬픔을 경험함으로써 진정한 행복을 깨닫게 됩니다.

게다가 슬픔에는 더 커다란 쓰임도 있습니다. 소중한 것을 잃었을 때, 혹은 자신의 희망과 반대되는 일이 일어났을 때 슬픔이 더 오래가지 않나요? 슬픔이 지속된다는 것은 마음의 통증이 오래 이어진다는 뜻입니다.

이는 인간에게 굉장히 불편한 감각을 초래하지요. 도대체 무엇 때문에 뇌와 마음은 원치 않는 슬픔을 오랫동안 끌어안고 있을까요?

이 물음에는 두 가지로 답할 수 있습니다. 먼저 이 질문에 답하기 위해서는 인간의 본질을 이야기해야 할 것 같습니다. 인간은 '유대감'에서 행복을 만끽하게끔 진화해 왔습니다. 유대감은 같은 감정을 공유할 때 돈독해지기 마련이고요.

슬픔이 오래 이어진다는 것은 같은 마음을 누군가와 더 오래 공유할 수 있다는 뜻입니다. 같이 슬퍼하고 함께 아파함으로써 타인과 끈끈하게 맺어질 수 있습니다. 하나의 행복을 상실했더라도 거기에서 탄생한 슬픔을 공유하면서 또 다른 행복을 찾는 셈이지요.

두 번째 대답을 위해 인간의 본질을 하나 더 살펴보겠습니다. 인간을 에워싼 환경은 물론이고 인간 자신도 늘 변화를 거듭한다는 사실입니다.

앞서 소개했듯이 슬픔에는 아픔이 동반됩니다. 슬픔에서 비롯된 통증을 피하고 싶다는 생각이 결과적으로 우리에게 더 나은 변화를 촉구하는 원동력으로 작용합니다.

이를테면 아이는 어른이 되고, 부모는 세월과 함께 서서히 노쇠합니다. 부모님의 생물학적 노화는 분명 서글픈 일이지만, 이 슬픔이 아이를 빨리 성숙하게 합니다. 말하자면 슬픔은 성장의 밑거름이지요.

만약 지금 눈물을 흘리고 있다면 융의 말을 떠올려 주세요. "슬픔이 있으니 기쁨이 있다." 그리고 슬픔의 깊이만큼 기쁨의 크기도 커질 수 있다는 점을 잊지 마세요.

중요한 일을
자꾸만 잊어버립니다

망각하는 이유는 망각하고 싶기 때문이다.

프로이트

중요한 일정을 까먹거나 아끼는 물건을 잃어버려서 난처했던 경험은 누구나 있겠지요. 특히 업무와 관련해서 뭔가를 잊었다면 그야말로 최악의 상황입니다.

하지만 망각도 행복을 찾아내는 힌트가 될 수 있습니다. 프로이트의 위 명언은 행복의 열쇠이자 동시에 성공의 문을 여는 열쇠가 되기도 합니다.

"말도 안 돼, 뭔가 잊어버리는 게 성공의 열쇠가 된다고?"라며 고개를 가로젓는 사람도 있을 테지요. 그럼에도 제가 단언하는 까닭은 이는 심리학에서 증명된 사실이기도 하지만, 실제로 인간의 기억 시스템은 무척 훌륭하기 때문입니다. 인간의 뇌는 반드시 기억해야 할 중요한 것이라면 어떻게 해서든 기억 창고에 저장하게끔 설계되어 있습니다.

이토록 완벽한 시스템을 갖추고 있는 인간의 뇌가 중요한 약속을 깜빡했다니, 뭔가 앞뒤가 맞지 않지요? 얼핏 모순처럼 들리는 상황이 어쩌면 마음의 소리를 들을 수 있는 찰나일지도요.

그럼 이번에는 '잊는다'라는 현상에서 행복의 열쇠와 성공의 힌트를 찾아보겠습니다. 중요한 것을 잊어버리고는 "난 왜 맨날 이 모양 이 꼴일까?" 하며 머리를 쥐어뜯을 때 읽어 주세요.

인간의 기억 회로는 기억해야 할 것과 잊어야 할 것을 무의식적으로 선택합니다. 이때 '세상이 여러분에게 기대하는 바람'을 반드시 기억해야 할 것으로 선택하지는 않습니다. 스스로 진정으로 원하는 바, 기대하는 것을 기억 창고에 간직하려고 합니다.

망각과 관련한 제 경험을 이야기해 볼게요. 젊은 시절 저는 그야말로 무명의 심리학자로서 실적도 학연도 미미했습니다. 다른 학계와 마찬가지로 심리학계도 인맥으로 움직이는 세계입니다. 안정적으로 일감을 맡으려면 소위 말하는 '연줄'이 무척 중요합니다.

예를 들면 학계의 저명한 교수님이 주최하는 학회나 연구회에 참석해 교수님에게 인정받으면서 활동해야 합니다. 저 같은 사람에게는 학회 활동이 학계에서 살아남는 유일무이한 모범 답안이었습니다.

저는 가까스로 연줄을 만들어 참가할 수 있는 학회 정보를 모았습니다. 그런데 정작 제일 중요한 학회 신청 접수 일정을 깜빡해 버렸습니다. 애써 정보를 얻었지만 "마감일이 아직 남았으니까" 핑계를 대면서 참가 신청을 미루다가 어느새 까맣게 잊어버린 것이지요.

머릿속에서 '학회 신청!' 하고 생각이 났을 때는 이미 늦었고요. 이후 저는 '참가했으면 분명 기회를 얻을 수 있었을 텐데' 하며 자책감에 빠졌습니다. 겨우 수중에 넣은 모범답안을 놓쳤기에 미래에 대한 불안감도 엄습했지요.

하지만 그 덕분에 좋은 일도 생겼습니다. 학회 활동에 들여야 할 시간과 노력을 다른 일에 쏟아부을 수 있었습니다. 당시 저는 '우울증은 뇌가 아픈 것이 아니라, 사회적 존재에서 비롯된 질병'이라는 점을 과학적으로 증명하기 위해, 그리고 인간을 바라보는 시야를 넓히기 위해 적극적으로 다른 업계 사람들과 교류하는 일에 제 역량을 쏟았습니다.

두 가지 활동이 앞으로 제 인생에 도움이 될지 어떨지는 전혀 몰랐지만, 그때를 돌이켜보면 제가 굉장히 설레는 마음으로 실험을 하고 사람을 만났다는 점은 또렷이 기억하고 있습니다. 따라서 머리로는 학회 일정이 으뜸 과업이라고 생각했지만, 제 진심은 그것을 기억 창고에 저장하지 않아도 되는 대수롭지 않은 일로 여겼던 셈이지요.

주류에서 벗어난 제 행동은 다른 심리학자들이 하지 않는 다양한 활동으로 이어졌고 결과적으로 일이 쏟아져 들어오게 되었습니다.

"망각하는 이유는 망각하고 싶기 때문이다"라는 프로이트의 말대로, 스스로 간절히 원하는 바가 아닌, 오로지 세상이 원하는 행위를 망각하고 싶었던 것 같습니다. 기회를 날려 버리고 불안감에 휩싸이기도 했지만, 그보다 저를 설레게 하는 무엇인가에 몰두하고 싶은 마음이 더 컸습니다.

물론 제가 성공했다고는 말할 수 없지만, 심리학자로서는 남다른 장점을 갖추게 되었습니다. 여전히 주류 학계에서는 멀리 떨어져 있어도 임상심리사로 활발하게 활동하며 이렇게 책을 집필하고 있고요.

우리는 중요한 일을 기억하지 못하면 자책하기 십상이지만, 정말 소중하다고 생각하는 일은 결코 망각하지 않습니다. 인생은 유한합니다. 이미 망각해 버린 중요할 것 같았던 일이 아니라, 잊어버릴 수 없는 진짜 소중한 것에 시간을 아낌없이 투자해 보면 어떨까요.

일본 최대 전자상거래 기업인 라쿠텐樂天 그룹의 창업자 미키타니 히로시三木谷浩史 회장은 자신의 성공 비결을 묻자 "일과 사랑에 빠졌어요!"라고 말했습니다. 누구라도 사랑하는 사람을 잊어버리지는 않습니다. 그는 일을 사랑했기 때문에 결코 잊어버릴 수 없는 우선순위의 맨 상단에 올려 두었습니다. 언제나 일을 가장 중요한 것으로 여기는 그의 태도가 라쿠텐 그룹을 성공으로 이끈 것이지요.

"난 무엇을 깜빡했지? 어떤 일이 잊히지 않을까?"

이 물음에 답하는 과정에서 행복과 성공의 열쇠를 찾아낼지도 모릅니다.

사랑과 일, 둘 중
선택을 해야 한다면

사랑하고 일하라. 일하고 사랑하라.

프로이트

고된 막노동으로 몸이 힘들어도 자식의 얼굴을 떠올리며 흥겹게 일하는 부모의 모습을 그린 일본의 옛 노랫말이 있습니다. 바로 이 노래에서 부모님의 행복을 표현한 말이 프로이트의 "사랑하고 일하라. 일하고 사랑하라"가 아닐까 싶습니다.

프로이트는 어른의 조건과 인간의 본질에 대해 말하면서 이 명언을 남겼습니다. 물론 사랑과 일이 인생의 모든 것은 아닐 테지요. 하지만 이 두 가지가 때때로 우리를 행복으로 이끌어 준다는 점에는 많은 사람이 공감할 것 같습니다.

좀처럼 삶의 의미를 찾기 힘들 때, 일부러라도 사랑과 일에 인생의 방점을 찍으면 하루하루를 무사히 견뎌 낼 수 있을지도 모릅니다. 지금부터 사랑과 일을 집중적으로 살펴보기로 하지요.

우선 여기에서 말하는 사랑과 일을 현대 심리학 관점에서 더 깊이 소개하겠습니다. 사랑 이야기부터 해 볼까요. 사랑이란 무엇일까요?

보수적이었던 19세기 말 오스트리아 빈 학계에서 프로이트는 대담무쌍하게도 에로스, 즉 성적 욕망을 논한 심리학자로 유명합니다. 그런 연유에서 프로이트가 사랑을 말했다면 관능적인 사랑, 쾌락의 에로스가 연상될 수도 있겠네요.

에로스는 생존과 생식의 본능, 살아남아서 생명을 다음 세대에 면면히 이어 나가는 에너지를 일컫습니다. 모든 생명의 근원적인 행동 원리이자 생명의 원천이라고도 말할 수 있겠지요. 성본능을 신성한 것으로 숭상하는 문화나 가치관도 존재합니다. 이런 관점에서 본다면 에로스를 행복의 단면으로 포착할 수 있습니다.

또한 성애性愛에 더 주안점을 둔다면 에로스는 짧지만 강력한 쾌락과 만족감을 선사하기도 합니다. 당연한 이야기지만 이것도 분명 행복한 순간입니다. 다만 극치감이 너무나 강력해서 성적 쾌감에 빠지면 중독으로 치닫게 됩니다. 흔히 타락이라고 부르는 상태를 자초할 수도 있지요. 실제로 섹스 중독이라는 병리 증상도 있습니다.

그렇기 때문에 가치관이나 문화의 범주에 따라서는 에로스를 금기시하거나 제한할 때도 있습니다. 지나치게 성욕에 집착하며 성적 쾌락만 좇다 보면 오히려 행복에서 멀어질 수도 있지요.

요컨대 프로이트가 지칭한 사랑이 에로스를 의미하는 것은 아닙니다. 프로이트가 말한 사랑이란 현대 심리학에서는 '애착'이라고 부르는 개념입니다. 애착은 에로스의 사랑과 닮았지만 동의어는 아닙니다. 애착과 애욕은 뇌의 연결망도 전혀 다릅니다.

친숙한 언어로 표현한다면 "좋아하는 것을 소중히 여기고 싶다", "언제까지나 함께하고 싶다", "사랑하는 사람이 사라진다면 굉장히 슬프고 먹먹할 것이다"라는 감정이 바로 애착입니다. 슬픔은 고통을 수반하지만 그만큼 우리의 마음을 따뜻하게 데우면서 행복을 느낄 기회를 선사합니다.

애착을 통해 '나'만의 세계, 바꿔 말하면 일인칭으로 쾌락을 추구하는 세계에서 이인칭, 삼인칭으로 행복의 세계가 확장됩니다. 더욱이 애착의 시간은 현재는 물론이고 앞으로 펼쳐질 미래까지 무한대로 아우릅니다.

이렇듯 애욕의 사랑에서 애착의 사랑으로 향하는 진화는 인간의 삶을 획기적으로 변모시켰습니다. 우리는 끊임없이 서로 돕는 생물로 진화했고, 순간적인 쾌감을 훌쩍 뛰어넘는 행복을 발견하도록 발전해 왔으니까요.

결론적으로 프로이트가 말한 '사랑'을 현대어로 번역한다면 "소중히 여기고 싶은, 오래오래 함께하고 싶은 무엇인가를 찾아내는 것"이라고 표현할 수 있겠지요.

그럼 "사랑하고 일하라. 일하고 사랑하라"에서 일은 과연 무엇일까요? 일 혹은 노동을 밥벌이와 등가어로 생각하는 사람이 많을 테지요.

우리가 흔히 듣는, 돈은 '당장 없어서는 안 될, 아주 중요한 것'이라는 말은 맞습니다. 특히 현대에는 자본의 순환으로 사회가 움직이고, 돈이 없으면 하루도 살아갈 수 없습니다. 소중한 것을 지키기 위해서 돈은 반드시 필요합니다.

실제로 돈이 에로스와 관련된 뇌 신경망을 자극한다는 사실이 과학적으로 밝혀졌습니다. 현대인은 동물적인 본능으로 돈을 인지한다는 뜻이지요. 우리는 돈을 통해 성적 욕망과 흡사한 쾌락을 얻을 수도 있습니다. 주머니 사정이 넉넉해지면 밥을 먹지 않아도 배가 부른 듯 기분이 좋아집니다.

하지만 프로이트가 말하는 일은 단순한 돈벌이, 밥벌이와는 조금 다릅니다. 일시적인 쾌락을 위해 노동하는 것이 아니라 '애착을 느끼는 무엇인가를 위해 최선을 다하는 것'이 바로 '일'입니다. 일을 통해 자신이 사랑하는 무엇인가가 좀 더 빛난다면 이보다 더 멋진 일도 없겠지요.

인간의 뇌는 애착과 미래의 희망을 위해서라면 온갖 고통을 잊을 수도 있습니다. 달리 말한다면, 사랑하는 존재를 위해 일할 때 우리는 행복해질 수 있습니다.

인생의 의미를 상실했을 때는 당신 곁에 있는 소중히 여기고 싶은 무엇인가를 찾아 주세요. 딱 하나라도 좋습니다. 그리고 그것을 지키기 위해 자신이 할 수 있는 일을 떠올려 봅시다. 애착의 뇌와 미래를 꿈꾸는 희망의 뇌가 서로 힘을 합쳐서 분명 행복감을 안겨 줄 테니까요.

세상에 좋은 중독은
없는 걸까요

모든 형태의 중독은 악이다.

그것이 알코올이든, 모르핀이든, 이상주의든.

융

"악이다"라는 말을 보는 순간 "너무 거친 표현 아닌가?" 하며 얼굴을 찌푸렸을지도 모르겠네요. 하지만 '나쁘다'보다 더 센 말이 필요할 때가 있습니다.

그도 그럴 것이 행복해지기 위해서는 우리를 행복에서 멀어지게 하는 것을 분명히 간파하고 경계해야 할 테니까요. 경계 대상 1호가 바로 융이 말하는 중독, 현대의학에서 말하는 의존증입니다.

굳이 융의 말을 거론하지 않더라도 의존증의 위험성은 매스컴에서 연일 보도됩니다. 특히 법으로 금지된 약물의 오남용은 정부에서 엄격히 규제하고 있습니다.

앞서 소개한 문장에서 융은 마약성 진통제인 모르핀을 예로 들었는데, 1970~1980년대 일본에서는 "각성제를 포기하시겠습니까? 아니면 인간이기를 포기하시겠습니까?"라는 슬로건의 공익 광고까지 나온 적도 있었지요. 의존증 환자의 인격을 부정한다는 의미에서 오늘날에는 비판 받기도 하는 문구지만, 그 정도로 대부분의 국가에서 약물 남용을 심각하게 다루고 있습니다.

알코올 중독도 건강은 물론이고 건전한 사회생활을 저해합니다. 그밖에 도박 중독 또한 고대부터 여러 문제를 초래했다는 옛 문헌이 남아 있을 정도이고, 최근에는 스마트폰 중독과 게임 중독도 사회 문제로 대두되고 있고요.

뇌과학 관점에서 중독을 설명하면, 일시적으로 강력한 쾌감이 뇌 신경세포를 자극하고 강렬한 자극이 마치 습관처럼 굳어지면서 급기야 의존 대상을 끊임없이 갈망하는 신경 회로망이 만들어지는데, 이것이 중독의 원인이 됩니다. 쾌감 신경망에 의식을 빼앗기면 머릿속은 알코올이든, 마약이든 온통 중독 대상으로만 가득 채워집니다. 더 자세히 말하면 마음과 행동이 중독의 지배를 받는 상태로, 본인의 인격을 상실한다고 할 수 있겠지요. 중독의 해악은 현대인이라면 누구나 알고 있는 상식이기도 합니다.

다만 '이상주의'가 악이라는 말은 조금 의아하게 들릴 것 같습니다. 융은 이상주의를 모르핀처럼 위험한 의존증을 일으킬 수 있는 것 중 하나로 꼽았습니다. 이상주의란 말 그대로 이상을 추구하고 이상 실현을 향해 기꺼이 노력하는 태도나 경향을 뜻합니다. 자아실현이라고도 말할 수 있는데, 현대 사회에서는 이를 위험하게 여기기는커녕 오히려 권유합니다.

이상을 추구하는 행위 자체가 쾌감 좇기와 관련된 신경 회로망을 자극하는 것은 아닙니다. 오히려 이상 추구로 자극받은 뇌는 더 나은 미래의 이미지를 그릴 때가 많습니다. 미래의 청사진이 뇌에 펼쳐짐으로써 우리는 현실의 고통을 잊을 수도 있고요. 이처럼 이상 지향은 세상을 이롭게 할 수 있고, 뇌에도 좋은 자극이 됩니다. 그런 의미에서 모두가 경계하는 약물 중독과는 전혀 다릅니다.

그런데 왜 융은 이상주의, 이상 추구의 중독을 악이라고 규정했을까요? 그 이유는 지나치게 이상을 좇으면 주위 사람들의 행복을 앗아 갈 수 있기 때문입니다. 더 나아가서는 자신의 행복도 스스로 짓밟을 수 있습니다.

혹시 할리우드 영화 〈어벤져스〉 시리즈를 아시나요? 미국 슈퍼히어로 영화의 대명사로, 슈퍼히어로들이 팀을 꾸려 악당과 맞서 싸우는 이야기를 담고 있지요. 시리즈를 통틀어 최대 빌런은 우주에서 가장 강력한 존재이자 어둠의 군주 타노스입니다. 그는 우주의 질서 회복이라는 이상을 좇는 남자이기도 합니다. 인구 폭발로 우주 균형이 깨지자, 타노스는 수단과 방법을 가리지 않고 우주 생명체의 절반을 말살시키겠다는 대원칙을 세우고 이를 행동으로 옮깁니다. 결과적으로 끝이 보이지 않는 비극이 영화에서 거듭되고, 이상향을 추구하는 데 몰두한 타노스 때문에 모든 이들이 불행해집니다.

우주 생명체 타노스가 인간과 동일한 뇌를 갖고 있느냐의 문제는 제쳐 두더라도, 실제로 우리의 뇌는 이상적인 미래를 계획하고 밀어붙이다 보면 잔혹하게 돌변할 수 있습니다. 계획에 집착한 뇌는 객관적인 시선으로 자신을 바라보고 또 타인의 고통을 감지하는, 인간적인 두뇌 활동을 교란하기 때문이지요.

혹시 당신 주위에도 "이는 모두의 행복을 위해서야", "이렇게 하지 않으면 모두 불행해진다고!"라면서 멋대로 이상에 불타서 주위를 괴롭히는 사람이 있지 않나요? 본인은 이상에 취해 있어서 행복하겠지만, 주위 사람들은 타인의 이상을 강요받는 상황이 불행할 따름입니다. 물론 이상주의에 빠진 당사자는 타인의 불행에 관심조차 없습니다. 결국 이상주의 중독자 곁에는 아무도 남지 않겠지요.

아이가 어른의 기대에 부응하지 않는다고 부모나 교사가 "넌 왜 이것도 못 해?"라며 마구 몰아세울 때가 있는데 같은 맥락에서 생각해 볼 수 있습니다. 아이 나름대로 열심히 최선을 다하고 있는 것은 무시한 채 이상적인 모습을 앞세우며 다그치는 어른은 심하게 말하면 타노스와 별반 다르지 않은 존재입니다. 이때 아이는 어른이 빠져 있는 그릇된 이상향의 희생양이고요.

아무리 숭고한 이상이더라도 이상주의에 중독되는 일은 해악입니다.

무엇에 아름다움을
느끼는가

아름다움이란 딱히 쓸모가 없고
문화적인 필요성도 뚜렷하지 않다.
하지만 아름다움이 없으면
문명은 성립되지 않는다.
프로이트

이 명언은 거창하고 난해하게 들릴 수도 있습니다. 아름다움, 문화, 문명 등 굉장히 고차원적인 이야기 같아서 지레 겁먹을지도 모르고요. 하지만 위 문장에 행복과 성공의 비결이 함축되어 있다는 것을 아시나요?

특히 "열심히 노력했고 나름 결과물도 나쁘지 않은 것 같은데 아무도 인정해 주지 않네요.", "최고의 성과를 올렸는데 이에 합당한 평가를 받지 못했어요!"와 같은 말처럼 노력의 결과가 부정당해서 속상할 때, 더 이상 무엇을 어떻게 더 노력해야 할지 몰라서 포기하고 싶을 때, 문제점을 확실히 진단하고 해법을 모색할 수 있는 최고의 명언입니다.

"아름다움이란 딱히 쓸모가 없고 문화적인 필요성도 뚜렷하지 않다. 하지만 아름다움이 없으면 문명은 성립되지 않는다"라는 긴 문장을, 알기 쉽게 '아름다움, 문명, 문화' 세 단어로 구분해서 설명해 보겠습니다.

우선 아름다움과 문명의 관계를 살펴보기로 하지요. 요즘 말로 바꾸면, '아름다움'이란 이를 느끼는 사람의 마음속에 자리 잡은 것으로 '가치'라고 말할 수 있습니다. '문명'은 기술적인 영역을 포함하는 말로 '테크놀로지technology'라고 할 수 있을 테고요. 그러면 아름다움은 가치로, 문명은 테크놀로지로 바꿔서 다음과 같은 가설도 성립합니다.

① 만약 당신이 대단한 테크놀로지를 갖추고 있더라도 누군가 거기에서 가치를 발견하지 못하면 그 테크놀로지는 무의미하다.
② 만약 당신이 지극히 평범한 기술을 갖추고 있더라도 누군가 거기에서 가치를 발견해 준다면 그 테크놀로지는 유의미하다.

첫 번째 가설과 관련해, 아무도 흉내 내지 못하는 최고의 기량을 겸비한 기타리스트가 있다고 가정해 봅시다. 기타를 연주하는 기량은 훌륭하겠지만 난해해서 관객은 연주를 듣고도 전혀 이해하지 못할뿐더러 그 어떤 감동도 받지 못합니다. 이쯤 되면 연주를 들어 주는 사람은 줄어들 테고 밴드를 꾸릴 동료도 찾기 힘들겠지요. 최고의 테크닉을 가졌다고 해도 이 테크닉으로 밥벌이는 어려울 듯합니다.

두 번째 가설에 해당하는 예로는, 여섯 살 아이가 성인 기타리스트의 '평범한' 기량을 갖추고 어른들과 함께 연주한다고 상상해 봅시다. 신동은 아니지만 성인만큼 기타를 잘 치는 꼬마를 중심으로 밴드가 꾸려진다면 무대에서 박수갈채를 받을 것입니다. 수완 좋은 기획자를 만난다면 시쳇말로 대박 날지 누가 알겠습니까. 흥행 수입이 누구에게 돌아갈지는 몰라도 아이의 평범한 기량이 금전적 이익을 불러올 테지요.

이처럼 아무리 최고의 기량을 자랑하더라도 아무도 그 기량에 공감하지 못하고 '가치(아름다움)'를 느끼지 못한다면, 사회에서는 최고의 실력을 문명으로 받아들이지 못합니다. 반대로 성인에게는 평범한 테크닉이라도 어린아이가 연주한다는 사실에서 가치를 찾을 수 있다면 이는 문명으로 자리 잡을 수 있습니다.

요컨대 개인의 능력은 '아름다움(가치)'을 동반할 때, 사회에서 많은 사람의 지지를 얻어 '문명'으로 성립되고 경우에 따라서는 돈도 모이게 됩니다.

열심히 노력해서 기량을 갈고닦았음에도 제대로 평가를 받지 못한다면, 자신의 노력이 가치를 찾기 힘든 '그저' 최고의 테크닉은 아닌지 곰곰이 생각해 보면 좋을 듯합니다. 자신이 인정받고 싶은 세계에서 그 구성원들은 무엇에 아름다움을 느끼고 무엇에 가치를 두는지 그 대답을 떠올려 보면, 노력이 배신당하지 않는 힌트를 찾을 수 있을 테지요. 다만 앞서 예로 든 이른바 '넘사벽' 테크닉을 갖춘 기타리스트가 행복한지 불행한지는 또 다른 이야기입니다.

지금부터는 '문화' 이야기를 해 볼까요? 여러분은 문화를 어떻게 정의하고 있나요? 문화를 달리 말하면 '공유하는 이야기'라고 할 수 있습니다. 대체로 사회에서 널리 찾고 공유하는 이야기를 문화라고 부릅니다.

하지만 공유의 범위를 살짝 바꿔 보면 어떻게 될까요? 예를 들어 10년 전, 20년 전의 당신과 지금의 당신…. '자신' 속에 분명히 공유할 만한 이야기가 있지 않나요?

이렇듯 일인칭 문화도 훌륭한 문화입니다. 이 문화를 흔히 '커리어'라고도 부르고요. 아무도 이해해 주지 않지만, 또 생활에 전혀 보탬이 되지 않지만 자신의 마음속에서 공유되는 무언가도 근사한 아름다움이자 문화이며 문명입니다. 진정으로 행복한 사람은 자신만의 이야기를 아주 소중히 여긴답니다.

자꾸 도망치고
싶어져요

오늘 해결하지 못한 문제는

언젠가 운명처럼 다시 만난다.

융

융의 이 말을 보는 순간 궁지에 몰린 기분이 들 수도 있습니다. 받아들이기에 따라서는 "그렇다면 운명에서 벗어날 수 없단 말인가요?" 하며 반문하는 사람도 있을지 모르고요.

하지만 반대로 생각해 보면 "바쁠 때 어려운 문제를 풀려고 골머리를 앓지 않아도 다음에 여유를 갖고 다시 풀 수 있답니다. 운명처럼 난제를 다시 만날 테니까요"라는 의미로 받아들일 수도 있습니다.

요컨대 "넘기 어려운 장애물에 애써 덤벼들 필요 없어요. 지금 이 순간 복잡한 문제 따위 생각하지 않아도 괜찮답니다!"라고 달리 말할 수도 있겠지요. 이렇게 생각하면 조금은 마음이 편해지지 않나요?

물론 융은 '피할 수 없다'에 주안점을 두고 운명이라는 단어를 선택했을 수도 있습니다. 하지만 상담실에서 사람들을 만나다 보면 "지금 손 놓고 있더라도 진짜 중요한 일이라면 다시 대면하게 될 테니까 당장은 외면해도 괜찮아요!" 식의 위로가 절실할 때도 있습니다.

무엇이든 빨리 척척 해내지 못한다고 초조해할 때, 이 문장을 곱씹어 보면서 잠시라도 마음의 여유를 가졌으면 좋겠습니다.

실제로 현대인은 '미루지 않기, 바로 지금 실행하기'를 인생의 덕목으로 꼽을 때가 많습니다. 마감이 정해진 단기 목표를 완수해야 할 때는 미루지 않는 것이 정답입니다.

중장기 목표라도 '빨리빨리'는 아주 효과적입니다. 시간적 여유가 있을 때 미리 해 두면 만에 하나 문제가 생기더라도 그만큼 수월하게 대처할 수 있을 테니까요.

경영의 세계에서도 '선행자 이익'이라는 말이 있습니다. 아무도 관심을 갖지 않는 새로운 시장에 남보다 빨리 뛰어드는 것을 말하는데, 여기에서도 '빨리'가 훌륭한 덕목이 됩니다.

현대 사회에서는 무엇이든지 "빨리빨리"를 외칩니다. 하지만 무조건 빨리하는 게 정답일까요? 무턱대고 속도에만 매달리는 것은 아닌지 회의감이 드는 것도 사실입니다.

최근 일본에는 임종을 둘러싼 다양한 사업이 각광을 받고 있습니다. "하루라도 일찍 인생의 마지막 순간을 계획하세요. 그래야 행복한 엔딩을 장식할 수 있습니다" 같은 문구가 중장년층의 마음을 파고드는 것 같습니다. 시신 처리 방법이나 장례식 등 살아 있을 때 인생의 마지막을 스스로 기획하는 서비스가 주요 사업 내용이고요.

죽음은 인간이라면 결코 피할 수 없는 운명입니다. 죽음의 문제는 언젠가 반드시 마주하게 됩니다. 실제 의료 관점에서 보더라도 후회하지 않는 죽음을 미리 떠올려 보고 계획대로 죽을 수 있다면 그보다 바람직한 생의 마감은 없을 테지요.

하지만 인생이라는 한 사람의 이야기가 이어지는 도중, 다시 말해 삶의 한가운데에서 굳이 스스로 시신이 된 모습을 머릿속에 그릴 필요가 있는지, 저는 잘 모르겠습니다.

또 다른 사례를 들어 보자면 '취업'도 많은 사람이 외면할 수 없는 운명 중 하나입니다. 더욱이 최종 학력의 서열에 따라 졸업 이후 직장 인생이 결정된다는 세상의 편견을 맹목적으로 추종하는 사람도 분명 있을 테고요.

실제로 기업에서 신입 사원을 채용할 때 출신 대학을 중시하는 것도 부정할 수 없는 현실입니다. 결과적으로 대기업에 근무하는 인생이 후회하지 않는 죽음에 이르는 유일한 방법이라면 '빨리빨리' 자세가 더할 나위 없이 중요하겠지요.

소위 말하는 일류대에 들어가려면 어릴 때부터 입시 전략을 짜는 쪽이 유리합니다. 앞서 소개한 선행자 이익으로 대입 시장에서 명문대 입시를 통과할 뿐 아니라 이후 채용에서도 우위에 선다면 성공한 인생이라며 주위의 부러움을 살 수도 있겠지요.

다만 가장 찬란한 인생의 청춘 시절을 오직 좋은 직장, 잘나가는 직업을 얻는 데 바친다면…. 간절히 꾸리고 싶은 삶이 있다는 마음속 외침이 들릴 때, 장래의 직업란은 잠시 비워 두고 마음이 갈망하는 생활을 살아가는 것이 과연 잘못된 선택일까요? 정말 열심히 살았다는 만족감과 충만함이 있다면 미래의 인생도 열심히 헤쳐 나갈 수 있을 테지요.

그 밖에도 가족과의 갈등, 채워지지 않는 바람이나 열등감, 짊어져야 하는 무거운 짐 등등 해답이 보이지 않는 인생의 '운명'은 무수히 많습니다. 수많은 걱정이 매분 매초 머릿속을 맴돌 때도 있겠지요.

하지만 내일 할 수 있는 일은 내일 하면 됩니다. 진짜 내 운명이라면 내일까지 기다려 줄 테니까요. 오늘 이 순간에만 할 수 있는 일에 전력투구하며 살아 있음을 만끽해 보세요.

행복한 삶에도
롤 모델이 있다면

행복에 이르는 방법은

직접 경험해 보기 전에는 알 길이 없다.

프로이트

이 문장은 자기계발 서적이나 유명 인사 강연회에서 행복해지는 팁을 얻고 싶을 때, 혹은 부모나 선배, 스승 등 존경하는 롤 모델처럼 행복해지고 싶지만 제대로 되지 않을 때 곱씹어 보면 도움이 됩니다. 당신을 행복의 나라로 확실히 안내해 줄 테니까요.

저는 25년 넘게 학생들의 심리 상담을 진행하고 있습니다. 예전에는 다음과 같은 고민거리를 안고 상담실 문을 두드리는 미술대학 신입생들이 많았습니다.

"막상 대학에 오니까 그림이 싫어졌어요, 더 이상 그림을 못

그리겠어요."

　미대생들은 좋아하는 그림을 실컷 그릴 수 있다는 설렘과 기대를 안고 대학에 들어왔을 테지요. 그런데 왜 그림을 그릴 수 없게 됐을까요?

　당연한 이야기겠지만 미대 전공생들은 미술 재능이 넘쳐납니다. 어릴 때부터 조금만 힘쓰면, 아니 천부적인 소질을 타고났다면 애써 힘들이지 않아도 누구보다 그림 그리기에 능력을 발휘했을 테지요. 말하자면 학창 시절 '그림' 하면 최고로 통했을 것입니다.

　그런데 전국에서 재능 있는 능력자들이 모이는 곳이 바로 미술대학이지요. 따라서 대다수의 미대생은 한 미술대학 안에서는 그저 그런 평범한 학생일 따름입니다. 천재 화가에서 보통 학생으로 하루아침에 밀려나는 것이지요. 이 충격으로 "그림이 꼴도 보기 싫어요"라며 학교생활에 충실하지 못하는 학생도 적지 않았습니다. "나보다 잘 그리는 천재를 난생처음 봤어요"라며 울먹이는 학생도 있었고요.

　요즘은 SNS의 발달로 입학 전부터 같은 대학 동기들의 수준을 대충 파악할 수 있어서 '나만큼 잘하는 친구', '나보다 월등히 잘하는 친구'의 존재를 충분히 인지하고 학교에 들어옵니다. 그런 연유에서 미대생의 이런 고민은 눈에 띄게 줄어든 것 같습니다. 그림뿐 아니라 연주나 성악 등 전국 최고의 학생들이 모이는 음악대학에서도 사정은 매한가지였지요.

그렇다면 그들이 자신의 전공을 기피하고 심지어 손을 놓게 되는 이유는 무엇일까요? 이 물음에 대답하려면, 먼저 타고난 재능으로 '얼떨결에 차지한 최고'라는 자리를 설명해야 합니다. 심리학에서는 노력하지 않고 얻은 포지션을 '정체성의 조기 완료' 또는 전문용어로 '정체감 유실identity foreclosure'이라고 합니다.

재능을 살리는 행복을 맛보지는 않았지만, 주위에서 잘한다고 줄곧 칭찬해 주면 우쭐한 기분에 취하겠지요. 그러는 동안 스스로도 모르는 사이 '최고'라는 정체성이 자신에게 고착화됩니다. 하지만 열심히 노력해서 얻은 행복이 아니기 때문에, 자신의 뜻대로 되지 않으면 곧바로 흥미를 상실하거나 포기하고 맙니다.

정체성의 조기 완료라고 하면 타고난 재능을 갖춘 능력자를 떠올리기 쉽지만, 전혀 그렇지 않습니다. 심리학에서 '모델링 modeling'이라고 부르는 메커니즘에 따르면 누구에게나 일어날 수 있는 사건입니다.

이를테면 어린 여자아이에게 "이다음에 커서 뭐가 되고 싶어?" 하고 물으면, "엄마!"라고 환하게 웃으며 대답할 때가 있습니다. 특히 아빠가 가정적이면서 다정다감하고 엄마도 행복한 가정을 꾸리고 있다면 그 아이의 마음속에는 엄마의 자리가 반짝반짝 빛나 보이겠지요.

게다가 주위 어른들이 아이의 꿈을 흐뭇하게 여기고 거듭 칭찬해 준다면 엄마라는 꿈은 더 크게 쑥쑥 자라납니다. 즉 정체성으로 확고하게 자리 잡게 되는 것입니다.

하지만 아이가 꿈꾸는 행복한 엄마는 자상한 아빠가 있어야 완성될 수 있습니다. 가정의 행복은 한 사람의 노력으로는 결코 이룰 수 없을 테니까요. 성인이 된 후 사귀는 남자 친구에게 무턱대고 다정다감한 남편의 이미지를 기대하면 행복한 아내와는 거리가 먼 현실에 직면합니다. 마찬가지로 가정적인 아빠의 도움이 있어야 비로소 행복한 엄마가 탄생할 수 있겠지요.

아이의 꿈을 멋대로 앗아 가서는 안 되겠지만 사실 관계를 제대로 모르는, 직접 경험해 보지 않은 정체성에 자신의 인생을 맡긴다면 행복에서 멀어지기 마련입니다. 제아무리 행복해 보이는 삶이라도 타인의 삶을 모방한다면 소위 말하는 '가짜 인생'에 그치고 맙니다. 결국 행복과는 동떨어진 삶을 살게 되겠지요. 자신의 행복과 관련해서 안일한 대답에 의지하려고 할 때 프로이트의 말을 떠올려 주세요.

실제로 프로이트와 원수 사이가 된 아들러도 "사람은 실패를 통해서만 배울 수 있다"라는 명언을 남겼고, 프로이트와 결별한 융도 "모든 사례에 적용할 수 있는 인생의 처방전은 없다"라는 명언을 남겼습니다. 서로 다른 인생관을 피력한 세 사람이지만, 한마음으로 같은 말을 하고 있지요.

그러므로 '행복이란 롤 모델을 통해서가 아니라, 자신의 경험을 통해 배우는 것'임을 부디 기억해 주세요.

내 밑바닥을
본 것 같아요

인간의 본성을 들여다보면
밝음보다 어둠이 더 많은 부분을 차지한다.

융

저는 이 한마디를 조금 비약해서 "험담을 내뱉는 쪽이 더 시원
할 때도 있다"라고 달리 말하고 싶습니다. 지금쯤 "말도 안 돼,
남 험담을 하라니! 내가 뭘 잘못 읽었나?" 하며 고개를 절레절레
흔드는 사람도 있을 테지요. 그도 그럴 것이 우리는 어릴 적부터
남에 대한 이야기를 함부로 해서는 안 된다고 배웠으니까요.

실제로 타인을 헐뜯는 말은 당신의 평판을 깎아 먹을 수도
있습니다. '뒷담화'에 등장하는 주인공과 가까이 지내는 사람이
뒷말을 듣게 되면 그야말로 낭패이지요. 상대가 당신을 좋지 않
게 볼뿐더러 당신이 내뱉은 험담을 주위에 공유하면 사태는 걷

잡을 수 없이 나빠집니다. 당신을 싫어하는 사람이 생길 테고, 결국 적을 늘리는 결과를 초래하겠지요.

험담 주인공과 관계없는 사람이라도 역시 주의해야 합니다. "이 사람은 남을 이러쿵저러쿵 나쁘게 말하는 사람이구나. 잘못 하다가는 내 욕도 하고 다니겠는걸. 거리를 둬야지"라며 당신을 멀리할 가능성도 있습니다. 경력직 사원을 뽑는 자리에서 전 직 장을 험담하는 지원자는 채용이 어렵다고 합니다. 불평불만이 많은 사람으로 여겨져 좋은 인상을 주지 못하기 때문이지요.

메시지나 SNS에서 가볍게 한 남 욕이 나중에 크게 문제 될 때도 있습니다. 심하면 사회적 제재를 받기도 합니다. 여하튼 밑 도 끝도 없이 남을 헐뜯는 일은 불행의 씨앗이 될 수 있습니다.

그럼에도 험담의 효용성을 거론하는 이유는, 험담을 하고 싶 어 하는 '마음의 어둠'이 우리 인간의 본질이기 때문입니다. 남 욕을 철저하게 거부하는 것은 인간의 본질을 거부하는 것과 다 름없기 때문일지도요.

예를 들어 한번 상상해 볼까요. 당신은 영업사원이고 팀장과 함께 거래처를 방문하기로 약속했습니다. 거래처 담당자는 이 미 몇 차례 찾아가서 인사를 나눈 사람입니다. 안건은 정례 모 임으로 중요한 미팅 자리는 아니고요. 당신도 팀장도 다른 업무가 있어서 미팅 10분 전에 거래처에서 만나기로 했습니다. 다만 당신은 약속 시간보다 조금 이른 15분 전까지 거래처에 도착할 생각이었습니다.

하지만 조금 문제가 생겼습니다. 방문 전에 끝내려고 한 업무가 지연되는 바람에 미팅 15분 전은커녕 팀장과 약속한 10분 전도 아슬아슬한 상황이었습니다.

"팀장한테 연락할 시간을 아끼면 얼추 제시간에 도착할 것 같은데" 하며 약속 장소로 서둘러 향했습니다. 몇 분 정도 늦더라도 팀장에게 상황을 설명하면 충분히 이해해 줄 것이라고 생각했던 것이지요.

결과적으로 당신은 거래처에 8분 전에 도착했습니다. 비록 팀장과 약속한 시간보다는 2분 늦게 도착했지만, 거래처와 예정된 미팅 시간까지는 아직 여유가 있습니다.

그런데 팀장과 약속한 합류 장소에 왔더니 이게 웬일인가요, 팀장의 얼굴이 보이지 않습니다. 팀장에게 전화를 하자 "담당자가 미팅 시간을 앞당기길 원해서 미팅을 좀 빨리 시작했어"라는 대답이 돌아왔습니다.

거래처 회의실에 헐레벌떡 뛰어 들어가자 이미 팀장과 거래처 담당자는 이야기를 나누고 있었고, 당신은 지각 처리되고 말았습니다. 팀장은 회의실에서는 내색하지 않았지만 돌아오는 길에 노발대발 화를 냈고요.

"고객 사정에 따라서 미팅 시간은 언제든지 변할 수 있다는 걸 몰라? 늦는다고 미리 얘기했어야지. 다음부터는 똑바로 해!"

당신은 변명도 하지 못하고 꿀꿀한 기분으로 하루를 마감했습니다.

이 상황을 어떻게 생각하시나요? 찜찜한 당신의 기분은 과연 누구 탓일까요? 누가 잘못한 것일까요?

반듯한 모범생 기질의 사회인이라면 미리 연락하지 않은 자신이 잘못했다고 자책할 가능성도 있습니다. 하지만 애당초 약속 시간을 제멋대로 바꾼 것은 거래처 담당자와 팀장이고, 더군다나 당신이 놀다가 늦은 게 아닙니다. 회사를 위해 열심히 일하고 있었습니다. 억울한 상황에서 비난을 받으면 불만 한마디, 팀장을 향한 욕 한마디쯤은 내뱉고 싶지 않을까요?

이처럼 부당한 대우를 받는다는 생각이 들면 자연스레 분노를 표출하고 싶습니다. 이때 나오는 남 욕은 지극히 당연한 마음의 본질입니다. 물론 불평불만이나 험담을 함부로 내뱉는 행동은 위험하지만, 볼멘소리도 당신의 소중한 마음입니다. 할 수만 있다면 타인에게도 인정받고 싶은 소중한 마음이지요.

그렇기에 듣는 상대를 엄선해서 당신의 마음을 보여 주세요.

비밀을 지키고 기꺼이 당신 편이 되어 줄 사람이라면 "미친 팀장, 그러니까 승진 대상에서 계속 누락되지!" 하고 퍼부어도 좋겠지요.

불평불만을 털어놓는 과정에서 당신의 마음속은 불편한 감정을 하나 덜어 내고 한결 편안해질 수 있을 겁니다.

다만 심각한 괴롭힘이나 성희롱과 같은 범법 행위가 이어질 때는 험담을 내뱉는 것으로 해결될 문제가 아닙니다. 오히려 역공을 당할 수도 있습니다. 이와 관련해서는 뒤에서 자세히 이야기하기로 하지요.

삶의 의미란
무엇일까요

삶의 의미나 가치를 파고들다 보면
미쳐 버릴지도 모른다.
삶의 의미 따위는 존재하지 않으니까.

프로이트

"살아 있다는 것만으로도 축복입니다!"라는 말을 어디선가 한 번쯤 들어 본 적 있을 테지요. 그런데 이 덕담에 행복의 열쇠가 숨겨져 있다는 사실을 아시나요?

이번에 소개할 프로이트의 말과도 일맥상통하는 이야기입니다. 그럼 '살아 있다는 것만으로도 축복'을 만끽할 수 있는 상담 사례를 소개해 드리지요.

저희 상담실에는 우울증 환자들이 자주 방문하는데 카운슬링 과정에서 '파혼'이라는 단어를 심심찮게 듣습니다. 결혼 약속부터 식장 예약까지, '진짜 결혼을 하는구나'를 실감하는 단계는 저마다 다르지만, 파혼당하는 당사자는 공통적으로 '사랑하는 사람과 함께할 현재와 미래'를 빼앗긴 것 같은 상실감에 빠지고 맙니다. 대체로 결혼을 약속한 상대는 평생 함께하고 싶다는 애착의 대상입니다. 애착하는 대상을 잃은 상태를 심리학에서는 '애착 대상의 상실'이라고 하는데, 이 상태에 처하면 말로 표현하기 힘든 아픔을 느낀다고 알려져 있습니다.

그리고 자책감도 함께 따라옵니다. '뭐가 잘못된 걸까? 나의 어떤 점이 부족한 걸까? 나라는 인간은 뭐가 문제일까?' 꼬리에 꼬리를 무는 생각에 자신감을 잃고 스스로에게 절망합니다. 더심하게 마음이 아프다 보면 우울증이 찾아오게 되고요.

파혼의 아픔으로 우울증을 앓게 된 내담자 A씨는 약물 치료가 잘 듣지 않아서 우울증 치료제를 복용해도 여전히 캄캄한 터널 안에 갇힌 듯 침울해했습니다. 상담실에서 이야기를 나누는 동안 잠시 표정이 밝아지는가 싶다가도 어느새 어두운 얼굴로 고개를 떨구었습니다. 무엇을 해도 마음의 아픔이 가시지 않았습니다. 수면제 약 기운에 잠시나마 눈을 붙이는 듯했지만 수면의 질이 좋지 않아서 하루하루 쇠약해지는 게 눈에 보일 정도였지요.

그러던 어느 날, 전혀 다른 사람처럼 생기 넘치는 표정의 A씨가 상담실을 찾았습니다. 과연 A씨에게 무슨 일이 생긴 걸까요?

끝도 모르는 우울감에 지칠 대로 지친 A씨는 한때 푹 빠져 지내던 서핑을 떠올리고 정말 힘겹게 바다를 찾았습니다. 물론 바다에 갔다고 해서 흐린 마음이 한순간 맑게 바뀔 리는 없겠지요. "예전에는 미친 듯이 즐겨하던 서핑인데…"라며 풀 죽어 있던 찰나, 갑자기 높은 파도가 A씨를 뒤덮었습니다. 하늘로 붕 솟아오르는가 싶더니 바다 밑으로 곤두박질치면서 눈 깜짝할 사이 너울에 휩쓸리고 생명의 위협을 느꼈다고 합니다.

이런 위기 상황에서 겁을 먹고 허우적대다가는 산소 부족으로 숨이 멎을 수도 있습니다. 그만큼 위험한 순간이었지요. 하지만 A씨는 냉철하게 대처해서 무사히 바다를 빠져나올 수 있었습니다.

"살았다! 살았어!" 하고 외치는 순간, A씨는 정말 오래간만에 삶의 희열을 맛보았습니다. 그리고 지금까지 A씨의 마음을 짓누르던 우울감은 서서히 엷어졌습니다. 이후 먹구름이 몰려오는 날도 가끔 있었지만, 예전처럼 어둠으로 뒤덮인 터널에 갇힌 것 같은 절망감은 사라졌다는군요.

A씨의 이야기를 더 자세히 들어 보니, 그렇게 죽을 고비를 넘기자 '살아 있다는 것만으로도 축복'임을 뼈저리게 느낄 수 있었다고 합니다. 편안한 호흡, 시원한 물 한 모금, 느긋한 한 걸

음처럼 살아 있기에 느낄 수 있는 모든 감각에 감사했던 것이지요. 이렇게 해서 A씨는 어두운 터널에서 조금씩 빠져나올 수 있었습니다.

어떻게 이런 일이 가능할까요? 그 대답을 좇다 보면 "생의 본능이 자극을 받았다!"라는 결론에 이릅니다.

인간의 '의식'은 네 가지 뇌가 균형을 이룸으로써 건강한 상태를 유지합니다. 그런데 우울증 환자의 머릿속은 자존심을 살리는 뇌, 현재와 미래를 이어 주는 뇌, 애착과 안정감을 느끼는 뇌가 외마디 비명을 지르고 있습니다. A씨의 경우 파혼이라는 비극이 비명의 원인이 되었고요. 물론 이 비극은 희극으로 바뀌지 않습니다.

하지만 생의 본능이라고도 할 수 있는, '희열을 만끽하는 뇌'는 다른 세 가지 뇌에 억압을 받고는 있었지만 엄연히 존재하고 있었습니다. 그런데 생명의 위협을 느끼자 희열을 만끽하는 뇌가 자극을 받게 되었지요. 달리 표현하면 희열을 만끽하는 뇌가 다른 세 가지 뇌의 비명 소리를 의식에서 몰아냈습니다.

인류의 진화에 발맞추어 현재와 미래를 이어 주는 뇌는 의미를 추구하는 뇌로 발전했고, 우리에게 시시각각 삶의 의미를 묻습니다. 만약 삶의 의미나 가치를 묻는 질문에 척척 답하지 못하면 살아갈 자격도 없는 것처럼 자책에 빠지게 만듭니다.

하지만 살아 있다는 것 자체가 삶의 의미이자 최고로 가치 있는 일입니다. 더 구체적인 의미를 알아내면 현재와 미래를 이어 주는 뇌가 기뻐할 수도 있지만, 의미를 추구하다가 생의 본능인 희열을 만끽하는 뇌를 소홀히 해서는 안 되겠지요. 여러분이 살아 있다는 사실 자체가 진정한 축복이니까요.

우리는 어떨 때
행복을 느낄까요

행복의 세 가지 조건이란

자신을 사랑하는지, 원만한 인간관계를 맺고 있는지,

그리고 타인과 사회에 도움을 주고 있는지에 있다.

아들러

"행복은 어디에 있나요?"

이런 질문을 받는다면 어떤 대답을 할 수 있을까요? 다양한 답이 있을 테지만, 행복은 마음이 느낍니다. 그러니 행복은 마음에 있다고 대답할 수도 있겠지요.

그렇다면 마음은 어떨 때 행복을 느낄까요? 이 물음에 대한 대답 중 하나가 바로 위에서 언급한 아들러의 명언입니다.

실제로 우리 인간은 사회생활에 최적화된 '사회 뇌'를 갖추고 있습니다. 아들러가 제시한 세 가지 조건은 사회 뇌가 우리에게 선사하는 행복을 말합니다. 이 세 가지는 얽히고설키어 있기에 행복의 한 형태라고도 말할 수 있겠지요.

그럼 여기에서는 자신을 사랑함으로써 원만한 인간관계를 맺고, 나아가 사회에도 이바지하려면 어떻게 해야 하는지 알아보지요.

지금쯤 '자신을 사랑하는 게 어떻게 사회 뇌의 기능에 속한다는 거지?' 하고 고개를 갸우뚱하는 사람도 있겠지요. 여기에 설명을 보태자면, 우리는 '주변 사람들의 반응'을 통해 자신을 인지합니다.

예를 들어 옆 사람이 당신에게 싫은 표정을 지으면 어떤 기분이 들까요? '내가 뭘 잘못했나?', '내가 비호감인가?' 하며 자신에 대해 다각도로 생각해 보겠지요. 상대방이 자신과 특별한 사이가 아니더라도 부정적인 반응을 보면 신경이 쓰이기 마련입니다.

뇌가 가장 예민하게 반응하는 자극은 다른 사람입니다. 더 정확히 말하면 우리의 뇌는 타인의 반응에 극도로 민감하게 반응합니다. 상대의 표정이나 태도에서 자신을 싫어하는 '거부, 거절'의 메시지가 느껴지면 자기 자신을 뚫어져라 쳐다봅니다.

이때 대부분은 "누군가가 얼굴을 찌푸릴 만큼 내가 뭔가 잘못을 저질렀나?"라는 부정적인 자기 주목으로 향합니다. 이런 상황에서도 자신을 사랑하기는 어렵겠지요.

반대로 누군가가 웃는 얼굴로 나를 바라본다면 어떨까요? 혹은 존경하는 표정을 지어 보인다면 어떨까요? 당연히 기쁜 마음이 들고 내가 괜찮은 사람이라고 느낄 것입니다. 나아가 스스로를 좋아하는 마음이 생길지도요.

이처럼 우리는 주변의 반응을 통해 자신을 인식하고 스스로를 좋아하거나 싫어하게 됩니다. 요컨대 자신을 사랑하기 위해서는 긍정적인 반응을 기대할 수 있는 '원만한 인간관계'가 중요합니다.

그렇다면 좋은 인간관계를 맺으려면 어떻게 해야 할까요? 좋은 인간관계의 정의는 사람마다 다르겠지만 여기에서는 자신의 말이나 행동에 좋게 반응해 주는 인간관계로 한정해서 생각해 보겠습니다.

사람의 마음은 대체로 '호감의 상호성reciprocity of liking'이라는 법칙을 따릅니다. 호감의 상호성이란 '상대가 나를 좋아하면 나도 그 상대가 좋아지지만, 반대로 상대가 나를 싫어하면 나도 그 상대가 싫어진다'라고 설명할 수 있습니다. 아주 단순명쾌한 마음의 원리이지요. 어릴 적 자신을 예뻐해 준 선생님이 있었나요? 당신도 그 선생님을 좋아하고 따르지 않았나요? 바로 이것이 호감의 상호성입니다.

이때 호감을 표현하는 방법은 비단 칭찬이나 호응에 그치지 않습니다. 타인에게 도움을 주려는 태도도 분명한 호감의 표시입니다.

따라서 원만한 인간관계를 맺기 위해서는 우선 여러분의 호의에 기꺼이 기뻐해 주는 사람에게 도움이 될 만한 일을 스스럼없이 실천해 보세요. 그러면 아들러가 정의한 행복의 조건에 가까이 다가갈 수 있을 테니까요.

———————————————— ✳ ————————————————

1장을 읽고 행복에 조금 가까워지셨나요?

그럼 첫머리에 소개한 행복에 이르는 힌트를 떠올리며 이번 장을 정리해 보겠습니다. 혹시라도 마음이 불편할 때가 찾아온다면 이 페이지를 거듭 읽어 주세요.

행복을 방해하는 것들

• 길을 잃고 헤맬 때 달콤한 조언을 맹신하는 일

• 책임감에 집착하기

• 중독

행복을 느끼게 해 주는 것들

• 애착 대상, 일

• 살아 있음에 기뻐하기

• 자신을 사랑하는 일

• 원만한 인간관계 맺기

행복으로 이어지는 길처럼 보여도 실은 불행으로 치닫는 길

• 지나친 이상주의

• 무조건 '빨리빨리' 행동하는 것

- 자신의 경험이 아닌 타인의 멋진 인생을 동경하기

- 노력하지 않고 주어진 재능

- 성공한 사람을 그대로 모방하는 것

- 삶의 의미나 가치만 파고들기

행복에서 멀어지는 길처럼 보여도 실은 행복의 입구에 서 있는 순간

- 조언을 의심할 때

- '대충대충' 넘기기

- 슬픔

- 망각

- 아름다움

- 일인칭 문화

- 내일 할 수 있는 일은 내일로 미루기

- 상대방을 엄선해서 험담하기

- 타인에게 도움 주기

행복의 힌트를 참고해서 자신만의 행복을 만들어 보세요. 행복을 방해하는 것들을 멀리하고, 행복의 지름길이 아닌 일은 신중하게 따지고, 행복을 느끼게 해 주는 것에 적극적으로 다가가며, 행복의 입구에서 있는 순간을 소중히 여긴다면 당신은 분명 행복해질 수 있겠지요.

이제는 행복과 불행의 갈림길에서 길을 잃지 않으시겠지요? 모든 문
장이 행복을 일깨워 주는 것이지만 프로이트, 융, 아들러 저마다의
이야기가 어떤 사람에게 더 솔깃하게 다가올지 흥미로운 상생 관계
를 소개하면서 마무리하겠습니다.

먼저, 프로이트의 명언은 주관이 뚜렷하고 타인에게 휘둘리지 않는,
지성을 사랑하는 사람과 궁합이 좋습니다. 다만 이런 사람은 아집에
빠지기 쉬우니 융과 아들러의 명언으로 균형을 잡아 주세요.

융의 명언은 감성을 사랑하는 사람과 찰떡궁합입니다. 이런 사람들
은 '안전과 애착의 뇌'로 기울기 쉽기 때문에 프로이트의 명언으로
균형을 잡아야겠지요.

아들러의 명언은 타인의 이야기에 귀를 기울이는 사람과 상생합니다.
하지만 아들러의 명언은 효과적인 공헌을 발견하는 지성이 부족하면
오히려 남에게 휘둘려서 불행을 자초할 수 있습니다. 따라서 프로이
트의 명언을 가슴에 새기면서 균형감을 잃지 않길 바라겠습니다.

아무쪼록 자신에게 맞는 맞춤 명언을 통해 행복에 한층 가까워지기
를 진심으로 기원합니다.

2장.

휘둘리지도
포기하지도 않는
마음의
태도

당신은 지금 뭔가 하려는 마음이 샘솟나요? 아니면 아무것도 하고 싶지 않고 의욕을 상실한 상태인가요?

당연한 이야기겠지만 매일 매 순간 의욕이 솟구치는 사람은 없습니다. 피로가 몰려오는 날에는 뭘 하고 싶은지 생각할 힘조차 없겠지요.

게다가 의욕이 충만한 상태를 좋아하는 사람이 있는가 하면 그렇지 않은 사람도 분명 있습니다. 사실 의욕이 없어도 살아갈 수 있습니다. 주어진 일상에 충실하면서 가만가만 하루를 살아가는 삶의 태도도 훌륭합니다.

이처럼 저마다 추구하는 삶은 다르겠지만 이것만큼은 기억해 주세요. 모든 순간은 인생의 소중한 일부분이라는 점입니다. 사소한 순간이 모여서 한 사람의 인생을 완성시키니까요.

그리고 인생을 마감하는 순간, '…했더라면' 하고 대부분 후회한다는 사실을 기억해 주세요. 사람은 더 이상 아무것도 할 수 없을 때 비로소 '할 수 있는 일'의 기쁨과 소중함을 깨닫습니다.

모쪼록 이 책을 읽고 있는 당신은 후회하지 않았으면 합니다. 물론 털끝만큼도 후회하지 않는 인생이란 애당초 성립할 수 없는 것일지도 모릅니다. 하지만 허용할 수 있는 범위 내에서 할 수 있는 일은 해냈으면 하는 것이 저의 간절한 바람입니다.

2장에서는 의욕, 동기부여에 관한 명언을 소개하겠습니다. 의욕을 불러일으키는 방법은 심리학에서 이미 정답이 나와 있는 주제입니다. 심리학 용어로 의욕을 풀어 본다면 다음의 공식으로 정의할 수 있습니다.

욕구 × 유인 × 성취 기대

의욕은 이 세 가지 요소의 곱셈으로 만들어집니다. 곱셈이기에 하나라도 0이 되면 의욕의 값은 역시 0으로 떨어지겠지요.

세 가지 요소를 하나씩 살펴보면, 먼저 '욕구'는 부족함을 채우거나 무엇인가를 얻으려는 열망으로 우리의 마음 깊은 곳에서 솟아오르는 내적 동기나 원인을 말합니다. 개중에는 이 세상에서 충족시키기 힘든 욕구도 있을 테지만, 실현 불가능한 욕구에 관해서는 성장 과정에서 좋은 의미로 '체념'을 하게 됩니다.

채우기 힘든 욕구에 집착하면 하루하루가 지옥일 테니 체념함으로써 오히려 마음이 편해질 수 있겠지요.

욕구에는 개인차가 엄연히 존재합니다. 개인의 성향이나 가치관에 따라 인정, 주목, 존경처럼 타인과의 관계에 얽힌 욕구가 강렬한 사람이 있는가 하면 타인을 향한 관심이 희박한 사람도 있습니다. 또한 내밀한 관심사에 몰두하며 미지의 세계를 탐구하거나 상상의 나래를 펼치는 식으로, 다른 사람과 함께하지 않고 오롯이 홀로 욕구를 실현하려는 사람도 있습니다.

개인이 추구하는 삶의 방식은 크게 바뀌지 않을 테지만 적어도 자신이 무엇을 좋아하는지, 반대로 무엇을 싫어하는지 알고 있으면 행복감과 의욕은 높아질 테지요.

두 번째 '유인incentive'은 특정 행동을 유발하는 외적 자극을 말하는데 음식, 돈, 권력 등 이 세상에 존재하는 것들입니다. 같은 맥락에서 욕구가 유인에게 가치를 부여한다고 말할 수 있겠지요. 세상에 없는 유인을 구한다면 허망할 따름입니다. 하지만 어딘가에 확실히 존재한다면 유인이 있는 환경을 찾아서 자신의 무대를 바꿀 수도 있겠지요. 다만 무턱대고 바꾸려고 하면

리스크가 클 수 있기 때문에 되도록 지금 처한 환경에서 유인을 찾는 편이 좋습니다.

2장에서 주로 다루는 내용은 세 번째 '성취 기대'와 연관된 명언입니다. 성취 기대를 달리 표현하면 '스스로 할 수 있다'라는 확신입니다. 인간은 목표를 달성할 수 없다고 판단하는 순간, 곧바로 의욕을 상실하고 맙니다. '할 수 있다', '해낼 수 있다'라는 성취 기대가 있어야 의욕이 생겨납니다.

하지만 현대 사회와 개인의 인생을 자세히 들여다보면 할 수 있다는 기대감을 앗아 가는 함정이 곳곳에 도사리고 있습니다. 2장에서는 자기계발 분야에서 각광 받는 아들러의 명언이 자주 등장하는데, 아들러의 문장들을 통해 함정에 빠지지 않고 안전하게 앞으로 나아갈 수 있는 힘을 얻길 바랍니다.

신중함이
독이 될 때

인생에서 가장 위험한 일은
지나치게 조심하는 것이다.

아들러

만약 '앞으로 어떤 일이 닥칠지 모르는 상황'에 직면했을 때 당신은 어떻게 반응할까요? 다음 두 가지 보기 중에서 상대적으로 더 솔깃한 보기를 하나만 골라 주세요.

A : "왠지 너무 무섭고 불안해" 하며 걱정한다. 무슨 일이 일어나는지 끝까지 지켜본 후, 되도록 누군가의 전례를 보고 안전하다고 확신했을 때 행동한다.

B : "왠지 설레는데!" 하며 기대한다. 앞으로 일어날 일을 즐겁게 상상하면서 다음 행동의 아이디어를 짜내고 이를 실행한다.

A와 B 중 어떤 보기를 골랐나요?

결론부터 말하자면 A도 B도 모두 정답입니다. A와 B의 차이는 살아가는 방식의 차이에 지나지 않습니다. 앞으로 어떤 일이 일어날지 모르기에 어떤 쪽을 선택하더라도 좋은 결과와 나쁜 결과의 확률은 반반일 테니까요.

일본 전체 인구의 약 70퍼센트 정도는 A를 선택할 유전 성향을 갖고 있다고 합니다. 과연 당신은 어떤 쪽을 선택할까요? 만약 당신이 B를 고르더라도 주위에는 A를 선택할 것 같은 사람이 꽤 많을 테지요.

한 가지 예를 들어 보면, 일본인 개인의 저축률은 상당히 높습니다. 일본 정부는 국민에게 소비와 투자를 독려하지만 정작 일본인은 정부의 말에 귀를 기울이지 않는 것 같습니다. 거품 경제 시절처럼 '주식 투자로 엄청난 수익을 올렸다'는 '전례'가 넘치던 호황기라면 또 모를까, 좀처럼 자신이 앞장서서 전례가 되려고 하지 않습니다.

아무튼 일본인은 A 유형을 추구하는 사람이 훨씬 많은 듯합니다. 다만 아들러에 따르면 A 유형, 즉 지나치게 조심하는 사람이 위험에 처하기 쉽습니다.

왜 조심하는 사람이 더 위험할까요? 실은 A를 선택하는 일본인이 많은 데는 이유가 있습니다. 일본은 자연재해가 많기로 유명한 나라입니다. 그야말로 재해 대국이지요. 전 세계에서 발생하는 지진 가운데 20퍼센트는 일본에서 일어납니다. 잦은 태풍은 물론이고 매년 산사태와 하천 범람으로 적지 않은 피해가 발생합니다. 특히 과학적인 일기예보가 없었던 옛날 옛적에는 언제 무슨 일이 일어날지 전혀 알지 못했습니다. 이런 재해 대국에서 살아남으려면 돌다리도 두들겨 보는 게 정답일 수도 있겠네요.

하지만 A 유형만 있는 사회는 정체되고 맙니다. 일본인 중 B 유형을 선택하는 사람은 3퍼센트 정도로 존재한다고 합니다. 사회 시스템이 제 기능을 다하지 못할 때는 과감히 B를 선택할 수 있는 리더가 필요합니다. 앞이 보이지 않을수록 지도자가 결단을 내리고 앞장서야 할 테니까요. 미래를 향한 기대감까지는 아니더라도, 미지의 세계를 헤쳐 나가려는 진취적인 도전정신은 리더라면 갖추고 있어야 할 조건이겠지요.

시간을 거슬러 가 보면 인류의 조상들은 오랫동안 마을 공동체를 이루고 협동하는 삶을 영위했습니다. 근대화 이후에는 마을 공동체 대신 회사라는 조직이 생겨났고 많은 구성원이 회사 발전에 협력했습니다. 지역 공동체나 조직이 위태로울 때는 리더가 사활을 걸고 공동체를 지키고 회사를 존속시켰죠. 따라서 대다수는 더 안전하면서도 더 확실한 생존법으로 A를 선택해

왔습니다. 하지만 혁신을 불러오는 리더가 항상 존재하는 것은 아니지요. 더군다나 급변하는 현대 사회에서는 리더의 혁신이 회사를 살린다는 보장도 없고요.

우리는 모두의 리더가 될 필요는 없지만, 모두가 자기 자신의 인생이라는 '자산'을 운용하는 리더임은 분명합니다. 자신이 소속된 조직이나 자신의 인생이 꽉 막혔을 때 A만 고집해서는 살아남기 어렵겠지요.

아들러가 말하는 위험이란 '항상 A만 선택하여' 미래가 보이지 않는 상황입니다. 물론 매사에 신중하고 조심할 필요는 있겠지만, 돌다리를 두들길 시간에 행동하는 쪽이 더 나은 미래를 쟁취할 수 있습니다.

아무 재능도 없다고
느껴질 때

재능이란 없다. 압박감만 있을 뿐이다.

아들러

이번 아들러의 가르침은 재능의 정의를 지나치게 협소하게 받아들여 자신의 가능성을 스스로 축소하는 안타까운 경우를 말합니다. 게다가 재능이 없다는 말은 역설적으로 우리 인간은 '재능 덩어리'라는 점을 일깨워 줍니다.

"재능 덩어리라고요? 저는 재능이 정말 없는데요!"하며 고개를 가로저을 수도 있습니다. 하지만 이 문장의 진정한 의미를 알게 된다면 지금까지 단 한 번도 주목하지 않았던 자신의 능력을 눈여겨볼 수 있습니다.

여러분은 재능이 무엇이라고 생각하나요? 아마도 '태어날 때부터 남보다 월등하게 뛰어난 능력', '다른 사람에게는 없는 타고난 기량' 등의 답이 머릿속에 떠오를 테지요. 이런 대답도 어떤 의미에서는 정답입니다. 천부적인 재능, 천재라는 말도 있으니까요. 어쩌면 하늘이 내려 주신 것이 재능이라고 생각할지도요.

경쟁사회인 현대 사회에서는 재능의 정의를 남보다 탁월하다는 점에서 찾기 쉽습니다. 교육 시스템을 보더라도 경쟁을 부추기는 학생 간 혹은 학교 간 서열화가 고착화되어 있고요. 실제 교실에서도 다른 친구들보다 잘하는 주특기를 자신의 재능이라고 믿습니다. 어쩌면 학령기에는 인간으로서의 훈련 기간이 짧기 때문에 타고난 장기가 더욱 도드라져 보일 수도 있습니다. 여하튼 우리는 타고난 자질, 남보다 월등히 앞서는 능력, 특별한 기술이 재능이라고 단정 짓는 환경에서 자라납니다.

그런데 이 재능의 정의가 아이의 의욕을 앗아 간다는 사실을 아시나요? 아이들은 주위 사람이 자신을 어떻게 바라보느냐에 따라 자아 개념('나'라는 사람의 정의)을 형성합니다. 재능의 정의를 협소하게 바라본 경우에는 친구들보다 뛰어나지 않은 능력에 관심을 갖지 않습니다. 결과적으로 남과 비슷한 수준으로할 수 있는 재주와 능력은 자아 개념으로 자리매김하기 어렵겠지요.

자아 개념으로 자리 잡지 않은 재능을 살리려고 노력하는 아이는 없습니다. 요컨대 의욕을 상실해 버리는 것이지요.

그렇다면 재능의 정의를 재고해 봐야 하지 않을까요? 이쯤에서 과학적인 사실 하나를 소개해 드리지요.

행동유전학의 연구에 따르면 운동선수, 음악가, 작가, 수학자를 제외한 모든 분야에서 필요로 하는 능력 중에 유전자 영향을 받는 부분은 30~50퍼센트 정도라고 합니다. 학습 능력도 업무 수행 능력도, 선천적인 재능에 따라 모든 것이 정해지지는 않습니다.

예외적인 분야에서도 유전자의 영향은 80퍼센트 정도입니다. 신동으로 불리며 매스컴을 떠들썩하게 했던 선수가 성인이 되어서는 더 이상 활동하지 않는 사례도 있고, 반대로 운동선수로서 천부적인 기량은 없지만 혹독한 훈련으로 정상에 우뚝 선 스포츠 스타도 있습니다. 예외 분야라도 유전자의 역할은 그저 약간 유리한 정도에 그칩니다.

업무 현장에서 보면 두뇌의 좋고 나쁨, 즉 태어날 때부터 가진 지능 지수를 기준으로 직원을 뽑으려는 사람이 있습니다. 하지만 실제로 모든 인간 뇌의 정보처리 능력은 전반적으로 탁월합니다.

물론 잘하는 수행 능력, 부족한 수행 능력의 분야는 개인차가 있겠지만 전체적으로 봤을 때 우열은 그야말로 오차 범위 이내입니다. 상대적으로 지능이 낮아도 두뇌 활용법에 따라서는 지능이 높은 사람 이상으로 훌륭한 성과를 올릴 수 있습니다.

결론적으로, 태어날 때부터 지닌 천부적인 재능은 존재하지 않습니다. 타고난 소질을 생각하는 것은 전혀 의미가 없습니다.

그럼 재능을 어떻게 인식해야 할까요? '할 수 있는 모든 것'을 재능이라고 생각해야 합니다.

어린 시절에 저는 축구선수가 되고 싶었습니다. 하지만 "넌 달리기를 못하잖아!"라는 부모님 말씀에 곧바로 축구를 포기했지요. 그런데 성인이 된 후 다시 축구화를 신고 축구장에서 뛰어 보니, 변함없이 달리기 속도가 늦고 발도 둔했지만 아예 뛰지 못하는 것은 아니었지요. 더디면 더딘 대로 축구 경기를 즐길 수 있었습니다.

물론 공을 다루는 일에는 서툴지만 할 수 있는 일은 할 수 있습니다. 집중력만 있으면 수비도 할 수 있고 같은 팀의 도움으로 골인도 가능합니다.

이처럼 남보다 뛰어나지 않아도, 어쩌면 남과 비교했을 때 평균에 못 미치더라도, 할 수 있는 일은 할 수 있습니다. 누구보다 앞서지 않더라도 머리를 짜내서 기술을 살리면 만족스러운 결과나 성과로 이어집니다.

지금까지 아무도 인정해 주지 않았더라도 당신은 분명 재능 덩어리입니다. 자신의 숨겨진 재주와 능력을 발굴해 보세요.

어딘가에는
내 자리가 있다

누군가에게 맞는 신발일지언정

나에게는 맞지 않는 신발이다.

모든 사람을 만족시키는 인생의 비결 따위는 없다.

융

이 명언은 바로 앞에서 아들러가 말한 재능의 정의와 연결해서 기억해 두면 요긴하게 활용할 수 있을 듯합니다. 그도 그럴 것이 융은 인생을 신발에 빗대어 말하고 있으니까요.

생뚱맞은 질문이지만, 혹시 당신은 신발에 신경을 많이 쓰는 편인가요? 신발을 고를 때 좋아하는 브랜드나 디자인을 고집하는 등 신발에 진심인 분도 있을 테고, 아무 신발이나 발에 맞기만 하면 괜찮다는 무난한 분도 있을 테지요.

저는 신발에 무심한 쪽입니다. 지금껏 값비싼 구두를 구입한 적이 한 번도 없습니다. 다만 제가 끝까지 양보하지 못하는 조건이 하나 있습니다. 발에 맞지 않는 신발은 절대로 신지 않는 다는 것이지요. 불편한 신발을 신고 다니는 일은 굉장히 괴롭습니다. 제 발보다 작은 신발을 신고 있으면 발이 아파서 야단나지요. 아주 조금 끼는 정도라면 그나마 참을 만하지만, 오랫동안 신고 있으면 발이 비명을 지릅니다.

큰 신발도 마찬가지입니다. 발보다 큰 신발을 신고 다니면 벗겨지기 일쑤니까요. 벗겨지지는 않을 만큼 조금 넉넉하다면 잠시 발이 편할 수도 있습니다. 하지만 빨리 뛰어야 하는 상황에서는 제대로 달리지 못하니 불편한 건 매한가지겠지요.

따라서 신발에 진심인 사람도 무심한 사람도 발에 맞지 않는 신발은 모두 꺼립니다. 신발에 무심한 저도 편안함만큼은 양보하지 않으니까요.

사실 신발과 인생은 무척이나 닮았습니다. 자신에게 맞지 않는 신발을 신고 다니면 무슨 일을 해도 술술 풀리지 않습니다.

마찬가지로 이 세상 모든 사람은 재능 덩어리이지만, 저마다 맞는 신발, 즉 맞춤 인생을 고민하지 않으면 갖고 있는 재능을 오롯이 살리지 못합니다. 살리지 못하는 재능은 재능이 없는 것과 같고요. 당신은 자신의 재능을 살려 주는 맞춤 신발을 신고 인생을 꾸려 나가고 있나요?

저는 흔히 말하는 취업 빙하기에 학교를 졸업했습니다. 만약

2년 전에, 아니 1년이라도 일찍 구직 활동을 했더라면 그때는 취업 시장이 적어도 빙하기는 아니었기 때문에, 지금쯤 회사원이 되어 있을지도 모르죠.

하지만 고용이 얼어붙은 당시 상황을 융이 말한 신발에 비유해 보면, 신규 채용이라는 시장에서 신발 자체를 구경하기도 힘든 시절이었습니다. 그나마 남은 '맞지 않는 신발'이라도 억지로 신어야 되는 건지 저를 포함한 대부분의 동기가 막막한 현실에 망연자실하고 있었지요.

이때 제 머릿속에 기억이 하나 떠올랐습니다. 대학교 1학년 때 기차를 타고 나 홀로 여행을 떠난 적이 있습니다. 그때 우연히 옆자리에 앉은 한 회사의 사장님이 자신의 성공 철학을 들려 주었습니다. "남이 하지 않는 일을 하라"라는 조언이었지요. 그 지역에서 나름 성공한 분이었기에 그분의 말은 꽤 설득력이 있었습니다. 얼어붙은 취업 시장에서 오들오들 떨고 있던 저는 '모두와 같은 방식'으로 똑같은 신발을 찾고 있었습니다. 그런데 그 성공 철학이 문득 머리에 스치는 순간, "그래, 남들과 다르게 찾아보자!" 하며 쾌재를 불렀습니다. 저는 고등학교에서도 대학교에서도 성적이 바닥인 열등생이었지만 대학에서 연구를 경험하고 흥미를 느꼈습니다.

'그렇다면 이걸 밥벌이로 삼는다면….'

당시 저는 '재능이란 천부적으로 타고난 특별한 능력'이라고 믿어 의심치 않았기 때문에 저에게 재능이 있다고는 상상도 못했습니다. 그나마 연구는 즐겁게 할 수 있을 것 같았습니다. 게다가 중학교 시절에 자주 들었던 담임 선생님의 "좋아하는 일을 해야 잘할 수 있다"라는 말씀도 떠올랐고요.

연구자의 세계는 치열한 경쟁사회라서 아무도 미래를 보장해 주지 않습니다. 하지만 맞지 않는 신발을 억지로 신는 것보다 남들이 즐겨 찾는 것은 아니더라도, '내가 좋아하는 신발'을 신어 보는 게 낫지 않을까 생각했습니다. 그렇게 연구자를 인생 직업으로 정해서 지금에 이르렀습니다.

아무 재능도 없다고 생각했지만, 좋아하는 일을 직업으로 삼자 의외로 잘해낼 수 있었습니다. 회사 업무에서는 전혀 써먹을 수 없었던 재능이 가까스로 살아났다고 할까요. 천만다행으로 저한테 딱 맞는 신발을 고를 수 있었던 것이지요.

누군가 이미 신고 있는 신발은 본보기가 있으니 실패할 위험이 줄어들 것입니다. 하지만 자신에게 맞는 신발을 찾아 신으면 '나'라는 재능이 반짝반짝 빛날 수 있습니다. 부디 당신만의 재능이 넘치는 분야를 만나기를 바랍니다.

외면과 내면,
어느 쪽이 더 중요할까요

외면을 바라보는 사람은 꿈을 꾸고,

내면을 바라보는 사람은 깨달음을 얻는다.

융

이 문장의 속내를 살짝 들여다보면, 외면을 보는 사람을 야유하고 내면을 보는 사람을 미화하는 융의 사심이 행간에서 느껴집니다. 내향형인 융은 외향형인 프로이트와 교류하는 과정에서 상처를 입었다는 일화가 널리 알려져 있기도 하고요.

융을 끊임없이 괴롭힌 두 가지 인격과 관련해, 프로이트는 자신이 창시한 정신분석에서 도출한 결론만 융에게 전달했습니다. 프로이트는 아파하는 융에게 도움을 주기 위해 노력하기는커녕 따스한 위로도 건네지 않았습니다. 융과 프로이트가 결별한 원인으로도 여겨지는 일화이지요. 사정이 이렇다 보니 외면에 주목하는 사람을 곱지 않은 시선으로 보는 융의 마음도 충분히 이해가 됩니다.

이처럼 융의 한마디는 융 자신의 내적 갈등을 담고 있으면서 동시에 외부와 내부 어디에 주안점을 두느냐에 따라 달라지는 인간의 본질을 꿰뚫는 말이기도 합니다. 아울러 인생의 갈림길에서 고민하고 방황할 때 외면과 내면의 균형이 매우 중요하다는 점도 융의 말을 음미해야 하는 이유입니다. 그도 그럴 것이 균형 잡힌 마음은 의욕의 출발점과 의욕의 지속성에 크게 영향을 끼칠 테니까요.

그렇다면 자기 내면과 외부 환경 중 어디를 바라봐야 할까요? 결론부터 말하면, 마음의 눈길이 지나치게 외부를 향하거나 반대로 지나치게 내부를 향하면 이 세상을 헤쳐 나가는 데 필요한 의욕은 오래 이어지기 어렵습니다.

그럼 명언과 관련된 흥미로운 심리학 실험 하나를 소개해 보겠습니다.

'내재적 동기intrinsic motivation'라는 말을 들어 본 적이 있나요? 미국의 사회심리학자로 오랫동안 인간 행동의 동기를 연구해 온 에드워드 데시Edward Deci는 연구 초창기인 1970년대에 학생들을 대상으로 다음과 같은 실험을 진행했습니다.

실험 참가 학생을 두 그룹으로 나누어 '30분 이내에 소마 큐브soma cube(삼차원 퍼즐 장난감) 맞추기' 과제를 냈습니다. 한 그룹에는 퍼즐을 맞추면 보상(1달러)을 주겠다고 했고, 또 다른 그룹은 아무런 보상 없이 단순히 퍼즐만 맞추게 했습니다.

실험이 끝난 다음 학생들에게 휴식 시간을 주었습니다. 휴식 시간에는 퍼즐 게임 이외에도 시간을 보낼 수 있도록 책과 잡지를 마련해 두었습니다.

과연 학생들은 휴식 시간을 어떻게 보냈을까요? 지금 같으면 다들 스마트폰을 꺼내 들었겠지만 스마트폰이 없던 시절이니 자유 시간이라고 해도 실험실에 있는 책이나 퍼즐로 시간을 보내야 했습니다. 결론부터 말하자면, 휴식 시간에도 퍼즐 게임을 더 오래 즐긴 쪽은 보상이 없는 그룹이었습니다.

연구자 데시는 실험 결과를 이렇게 분석했습니다.

"보상이 '퍼즐 게임은 재밌다!'라는 내면에서 솟구치는 의욕(내재적 동기)을 앗아 간 탓에 보상이 있었던 그룹은 퍼즐을 쳐다보지 않았다. 보상이 불러온 의욕(외재적 동기)은 보상이 사라지면 곧바로 소실된다. 따라서 내재적 동기가 외재적 동기보다 더 강력하다고 보는 것이 타당하다."

조금 딱딱한 심리학 이야기일지도 모르지만, 당신은 데시의 주장에 동의하나요? 그 당시에도 "아니, 보상을 주는데 오히려 의욕이 꺾인다고? 말도 안 돼!"라며 실험 결과에 의구심을 품는 사람이 많았습니다.

실제로 이후 똑같은 실험을 거듭했는데 같은 결과가 나오지 않을 때도 있었습니다. 그렇다면 우리는 데시의 연구를 어떻게 받아들여야 할까요?

결론적으로 수많은 학자가 오랜 연구 끝에, 새로운 행동을 개시하고 이를 지속하려면 내재적 동기는 물론이고 외재적 동기, 즉 외적 동기도 필요하다는 사실을 과학적으로 밝혀냈습니다.

돈과 같은 외적 보상이 행동의 방아쇠를 당기고, 이후에는 그 행동 자체의 묘미(스스로 느끼는 가치)를 자각하고 이를 이어나감으로써 외적 보상을 더 확대시키는 선순환이 중요합니다. 이런 선순환을 통해 우리는 사회와 연대하고 사회 속에서 자신만의 터전과 스스로 만족할 만한 인생을 영위할 수 있습니다.

외면만 바라보면 내면이 공허해집니다. 그 공허함을 채우기 위해 외적 보상을 더욱 바라게 되고요. 더 많은 돈을 갖기만을 꿈꾸는 사람, 주위에 있지 않나요?

반대로 내면만 쳐다보면 자기중심적으로 시야가 좁아집니다. 본인은 마음의 조화와 깨달음을 얻을지도 모르지만 사회와의 접점은 그만큼 줄어들고, 더 심해지면 세상과 단절될 수도 있습니다.

사회 속에서 건강하게 살아가려면 외부 환경을 바라보면서 자신의 행동에 어떤 보상이 따를지 꿈꾸고, 아울러 그 과정에서 자신의 내면을 만족시키기 위해서는 무엇을 해야 하는지 고민해야 합니다. 요컨대 외면과 내면을 동시에 바라보는 균형과 조화가 필요하겠지요.

매사에
의욕이 없는 것 같아요

의욕을 상실한 것이 아니라
굳이 바꿀 필요성을 느끼지 못할 뿐이다.

아들러

지금 몹시 목이 마르다고 가정해 볼까요. 말하자면 몸이 수분을 원하는 상태이지요. 이때 당신은 무엇을 하고 싶을까요? 당연한 이야기겠지만 대부분 뭔가 마실 것을 찾을 테지요. 음료수를 보는 순간 벌컥벌컥 마시며 목을 축일 것입니다.

만약 날씨가 덥다면 시원한 음료수가 제격이겠지요. 몸이 찾고 있는 액체가 목에서 식도를 통과하면 우리는 마치 온몸으로 수분이 쫙 퍼져나가는 듯한 쾌감을 느낍니다. 그리고 음료수를 충분히 마신 후에는 무척이나 흡족한 표정을 지으며 "시원하다!" 하고 상쾌한 추임새까지 뱉어 버릴지도 모릅니다.

맥주를 진심으로 좋아하는 사람은 맥주를 마시기 몇 시간 전부터 물도 마시지 않는다고 합니다. 이렇게 참다가 맥주를 마시면 맥주 맛이 더 꿀맛이라면서요.

그런데 왜 갈증을 억누르면 맥주가 더 맛있을까요? 우리 몸이 수분을 갈망하기 때문입니다. 몸이 원하는 것을 넣어 주면 우리 몸은 기쁨의 신호를 뇌에 전달합니다. 그러면 곧바로 뇌는 쾌감을 느끼고, 우리는 순간이지만 행복을 실감할 수 있습니다.

이런 행복을 맛본 '맥주 애정파'는 땀으로 옷이 흠뻑 젖어도 수분을 보충하려고 하지 않습니다. 간절하게 수분을 갈구하는 상태를 일부러 만듭니다. 왜냐하면 몸이 수분을 간절하게 찾을수록 맥주를 마실 때의 행복이 극대화될 테니까요.

다만 수분 부족이 오랫동안 이어진 상태는 몸에 해롭습니다. 아무리 맥주를 사랑하더라도 적당히 마셔야 합니다.

그럼 이번에는 맥주 애정파의 행동을 심리학적으로 고찰해 보지요. 맥주를 즐기는 사람은 인체가 수분을 필요로 하는 상태, 말하자면 몸이 갈증을 호소하는 상태를 애써 만들어 내려고 합니다. 심리학에서는 몸이 갈증을 호소하는 상태를 '수분을 향한 동인動因으로 가득 찬 상태'라고 표현할 수 있습니다.

여기에서 '동인'이란 무엇인가를 원하는, 혹은 무엇인가를 꺼리는 강렬한 감정 상태를 말합니다. 달리 표현하면 무엇인가를 바꾸고 싶다는 간절한 마음입니다. 동인이 강할수록 동인이 충족되었을 때 짜릿한 쾌감을 맛봅니다.

갈증 해소 이외에도 배가 고프면 '허기를 달래고 싶다', 식도락을 즐기는 사람이라면 '맛있는 것을 맛보고 싶다', 오랫동안 비좁은 장소에 갇혀 있다면 '자유롭게 움직이고 싶다' 등등 동인과 관련된 다양한 상황을 떠올려 볼 수 있습니다. 주로 생존 본능을 둘러싼 동물적인 욕구가 대부분입니다.

이쯤에서 아들러의 명언을 다시 읽어 볼까요. "의욕을 상실한 것이 아니라 굳이 바꿀 필요성을 느끼지 못할 뿐이다"라는 문장의 의미가 더 또렷해지지 않았나요?

우리의 마음은 뭔가 채워진 상태에서는 무엇인가를 바꾸려는 직접적 계기, 즉 동인을 상실합니다. 동인은 인체에 국한되지 않습니다. 대표적인 예로 돈을 들 수 있는데, 인간답게 살아가기 위해서는 꼭 필요한 요소입니다.

실제로 인간의 뇌는 돈을 사회적인 요소가 아닌 생존에 가까운 것으로 인식합니다. 돈을 떠올릴 때 뇌는 먹을 것이나 마실 거리를 떠올릴 때와 흡사하게 반응하는 것이지요. 따라서 금전적으로 자유롭지 못한 상황에서는 돈을 갈망하는 동인이 생성됩니다.

또, 배우자나 연인을 만들고 싶어 하는 애정 욕구 혹은 성적 욕구도 마찬가지입니다. 이 두 가지는 원래 자손을 남긴다는 생물학적인 목적을 지닌 욕구입니다. 따라서 로맨틱한 파트너를 원한다는 욕구도 충분히 동인으로 볼 수 있겠지요.

덧붙이자면 대체로 인류학자들은 인간을 애욕이나 성욕 관련 동인을 충족시키려는 행위가 습관화된 '섹스 애니멀'이라고 정의합니다. "섹스 산업이 최고의 비즈니스"라는 말도 있는 것을 보면 인류학자의 정의가 틀린 것만은 아닌 것 같습니다.

다시 앞의 명언 이야기로 돌아와서, 의욕 상실 상태는 어쩌면 모든 것이 채워진 상태일 수도 있습니다. 바꾸지 않아도 괜찮다고 마음속의 생존 본능이 속삭이는 것이지요.

그렇다면 억지로 의욕을 끌어내려는 노력이나 바꾸려는 수고가 필요 없지 않을까요. 의욕이 생기지 않는다는 것은 이보다 더할 나위 없이 좋은 상태라는 뜻일지도 모릅니다.

사는 게 허무하게
느껴진다면

죽음이 없으면 진정한 발전을 이루기 어렵다.

아들러

갑자기 죽음이라는 단어가 나와서 놀란 사람도 있을 텐데요. 미리 겁먹을 필요는 없답니다. 여기에서 말하는 죽음은 아들러 식의 비유니까요. 다만 의욕이 샘솟기를 바란다면 좀 더 진지하게 이 한마디를 새겨 주세요. 여기에는 우리가 원시 포유류에서 인류로 진화한 비밀이 담겨 있습니다.

그럼 바로 앞에서 소개한 '동인' 이야기와 이어서 생각해 보지요. 이미 이야기했듯이 동인은 생존 본능과 연관된 욕구입니다. 동인이 충족되었을 때 생존 본능은 우리에게 더 이상 아무것도 하지 않아도 괜찮다고 귀띔해 주고요. 이는 이대로 충분하다는 뜻이니 만족스러운 상태를 즐기면 된답니다.

　다만 동물적인 생존 본능만으로는 인간다운 삶을 영위할 수 없겠지요. 우리는 인간으로 진화하는 과정에서 고차원적인 욕구를 습득했습니다. 인간의 고차원적인 욕구란 "존경받고 싶다, 존중받고 싶다"라는 욕망과 "나만의 서사를 갖고 싶다"라는 욕심입니다. 이 욕구가 우리를 인간답게 만듭니다.

　그런데 이 욕구들을 실현하기란 쉽지 않습니다. 그도 그럴 것이, 혼자서는 사회적 욕구를 충족시킬 수 없을 테니까요. 예를 들어 존경과 존중을 얻기 위해서는 사회 구성원들이 자신의 가치를 인정해 주어야 합니다. 또 '나'라는 이야기의 무대도 반드시 사회여야 하고요.

　요컨대 인간다운 욕구는 사회와 상호작용 속에서 채워집니다. 뒤집어 말하면 사회와의 관계가 원만하지 못하면 좀처럼 충족되기 어렵습니다.

　게다가 욕구가 채워지지 않으면 무척 괴롭습니다. 조상들이 유인원에서 인류로 진화하는 동안 습득한 뇌는 '존경, 존중, 자신만의 서사'를 수중에 넣지 못하면 '허무'라는 아픔을 만들어 냅니다. 인간다운 욕구는 사회와 연결되어 있기 때문에 욕구를 해결하려면 고통이 수반되기도 합니다.

　"진화가 고통을 초래한다고요? 더 나은 쪽으로 바뀌는 게 진화 아닌가요?" 하고 반문할지도 모르지만 꼭 그렇지는 않습니다. 진화했기에 느끼는 진통도 분명 존재합니다.

반면에 동인은 진화를 거치면서 더 쉽게 채울 수 있게 되었습니다. '맥주 애정파' 이야기에서도 살펴보았듯이, 수분 섭취를 참으면서 동인을 높이면 만족감이 몇 배나 올라갑니다. 더욱이 동인만으로 충분하다고 느끼는 사람도 있겠지요. 실제로 동인이 채워졌을 때 느끼는 만족감은 잠시나마 공허감을 달래 줍니다. 따라서 허무에서 도망치기 위해 동인 충족에만 매달리는 사람도 있고요.

술이나 담배, 탄수화물 과다 섭취, 찰나의 유희를 즐기는 유흥업소, 생존 본능이나 물욕을 자극하는 게임이나 취미, 도박, 성매매나 섹스 산업 등을 저는 '동인 세계의 놀거리'라고 부르고 있습니다. 이런 쾌락에 빠져 버리는 사람도 분명 있을 테지요.

법과 양심이 허락하는 범위라면 놀거리로 쾌감을 얻는 것도 하나의 방법입니다. 실제로 행복의 한 유형일 수도 있고요. 하지만 인간다운 욕구를 절대 포기해서는 안 됩니다. 마음의 허기에서는 일시적으로 도망칠 수 있더라도 인간다움은 결코 버릴 수 없기 때문이지요.

실제로 동인을 충족시키려면 체력이 필요할뿐더러 동인을 만족시키려다가 건강을 해칠 때도 있습니다. 그러니 중년 이후에는 동물적인 동인 충족에 어려움을 느끼기도 합니다. 이쯤 되면 헛헛함에서 도망치는 방법도 사라집니다.

무엇으로도 텅 빈 마음을 채우지 못한 중년들이 제 상담실을 종종 찾습니다. 그들은 정말 괴로운 표정으로 제 앞에 앉아 있습니다. 사무치는 허무감 때문에 화를 내기도 하고 울기도 하면서요.

이처럼 최악의 상황에 내몰리지 않으려면 어떻게 해야 할까요? 정답은 딱 하나, 허무에서 도망치지 말고 공허와 마주하면 됩니다. 달리 표현하면 우리 안의 '원시적인 포유류'에는 일시적인 죽음을 선포하고 대신 '인류'를 깨우는 것이지요.

인류가 추구하는 만족감은 얻지 못할 때가 훨씬 많습니다. 저도 실패와 좌절의 연속을 겪습니다. 존경은커녕 비난과 경멸이 이어지던 시절도 있었지요.

그렇지만 포기하지 말아 주세요. 당신의 마음속에 있는 '인류'는 진화에 성공한 조상들이 내린 선물입니다. 그러므로 당신도 인간답게 살 수 있습니다.

그럼 다음 장에서 성공의 비결을 이야기하겠습니다. 인간다움을 외면하지 말고 끝까지 마음에 품어 주시기를 바랍니다.

나만 못난 것 같아서
불행해요

무엇을 손에 쥐고 있느냐가 아니라
주어진 것을 어떻게 활용하느냐가 중요하다
아들러

앞서 소개했듯이 이번 장에서는 인간의 고차원적인 욕구를 실현하며 '인류'로 성공하기 위한 비결을 알아보겠습니다. 우선 아들러의 위 명언을 크게 소리 내어 읽어 보세요.

"무엇을 손에 쥐고 있느냐가 아니라 주어진 것을 어떻게 활용하느냐가 중요하다"라는 말은 의욕 사용 설명서의 핵심을 대변하고 있습니다. 어떤 의미에서는 의욕의 참모습을 설파한 명언이라고 할 수도 있겠지요. 모든 행동은 주어진 범위 내에서만 가능할 테니까요.

이는 누구나 아는 당연한 진리인지도 모릅니다. 하지만 아들러가 굳이 이 말을 남긴 데는 이유가 있습니다. 당연한 진리라도 행동으로 옮기기에는 어려울 수 있으니까요.

이해하기 쉽도록 스포츠에 비유해서 이야기해 볼까요?

배구 경기에서 키 큰 선수는 상대편 코트로 공을 세게 내리치는 스파이크^{spike}, 반대로 상대편 공을 되받아치는 블로킹^{blocking} 등의 '공중전'에서 우위를 선점할 수 있습니다. 키 작은 선수의 경우 아무리 열심히 뛰어도 점프 기술로는 팀에 이바지하기 힘듭니다.

하지만 키 큰 선수에게 불리한 플레이도 분명 있습니다. 키 큰 선수가 잡아내기 어려운 낮은 위치의 공을 키 작은 선수라면 쉽게 처리할 수 있겠지요. 또 체구가 작기 때문에 작은 동작으로 방향 전환이 가능합니다. 키 큰 선수보다 시간 손실이 적으니 민첩성 높은 동작을 자유자재로 구사할 수 있습니다. 따라서 공이 지면에 닿을락 말락 하는 0.01초의 승부가 되기 쉬운 리시브^{receive}에서는 굉장히 유리합니다.

요컨대 키 작은 선수에게만 유리한 플레이가 있기 마련입니다. 말 그대로 주어진 장점을 효과적으로 살려서 활용하는 훌륭한 본보기라고 말할 수 있지요.

다만 한 가지 문제가 있습니다. 스포트라이트라고 해야 할까요? 모름지기 배구란 힘이 넘치는 강스파이크, 짜릿한 블로킹의 공격이 자아내는 환상적인 공중전이 백미인 스포츠입니다. 배구 경기의 팬이라면 대부분 공중전에 박수갈채를 보냅니다. 실제로 스타 배구 선수들은 남녀 모두 공격수일 때가 많고요.

키가 작은 선수는 팀을 위기에서 구하고 스타 선수의 공격을 빛나게 하기 때문에, 팀에 기여하는 공헌도로 치자면 키 큰 선수에 결코 뒤지지 않습니다. 하지만 오로지 신체 조건 때문에 공중전에서는 두각을 나타내기 어렵습니다. 키 작은 선수들이 활약하는 지상전에서는 보여 줄 것이 많지 않고 그만큼 스타로서 돋보일 기회는 줄어들 수밖에 없겠지요.

여기에서 또 다른 문제가 생겨납니다. 인간은 '질투하는' 동물입니다. 특히 화려하게 빛나는 상대에게 질투를 느끼기 마련이지요. 어쩌면 질투심 그 자체만으로는 아무런 결과물을 내지 못하기에 인간에게 도움이 되지 않는 감정일지 모릅니다. 분명한 점은 스포트라이트가 쏟아지는 누군가를 시샘하는 마음이 인지상정이라는 것이지요.

예를 들어 최고의 기량을 갖춘 키 작은 선수가 초등학교 시절에는 팀의 절대적인 에이스로 활동했다고 가정해 보지요. 중학교, 고등학교로 진학하면서 자신보다 키가 큰 선수가 공중전의 에이스로 화려하게 부상하자 키 작은 선수는 누구보다 열심히 노력했지만 더 이상 주목을 받지 못하는 상황에 처합니다.

자신이 마땅히 받아야 할 '존경과 존중, 그리고 에이스라는 서사'를 단지 키가 작다는 이유 하나만으로 키 큰 선수에게 빼앗겼다면…. 억울하고 속상하고 마음이 까맣게 타들어 가겠지요.

만약 그 상대가 오랫동안 친하게 지낸 팀메이트로 자신과 가까운 사이라면 속이 더 불편할 것입니다. 하지만 아무리 질투나고 부러워도 어쩔 수 없습니다. 키 큰 스타를 시기하기보다는 자신의 신장과 기술로 팀에 어떻게 이바지할지를 고민하는 쪽이 훨씬 생산적입니다.

누구나 아는, 당연한 이야기 같은 아들러의 문장이 왜 실천하기 어려운지 이제 이해가 되나요? 인간은 자신에게 없는 것을 갈망하거나 자신에게 없는 것을 갖고 있는 누군가를 시기하면서는 결과적으로 자신의 장점을 살리지 못합니다.

그러니 자신이 갖고 있는 것에 집중해 주세요. 단언컨대 당신은 재능 덩어리로 이루어져 있으니까요.

잘하는 게 없어서
다시 태어나고 싶어요

다시 태어날 필요는 없다.

감정 사용법을 바꾸면 그것으로 충분할 테니까.

아들러

'감정 사용법'에 관한 이 명언을 통해 앞에 등장한 배구 선수 이야기를 더 확장해서 생각해 보려고 합니다.

예로 든 키 작은 선수의 감정 사용법을 봅시다. 그는 분명 초등학교 때만 해도 누구보다 기량이 뛰어난 에이스였습니다. 그런데 원래 자신의 것이었던 '존경, 존중, 팀 에이스라는 서사', 즉 인간의 고차원적인 욕구가 추구하는 모든 것을 키가 작다는 이유만으로 키 큰 선수에게 빼앗겼습니다.

당신이 이 선수라면 어떤 감정을 맛보게 될까요? 앞에서 부러움, 질투를 언급했는데 이외에도 온갖 부정적인 기분에 사로잡히겠지요. 빼앗긴 사실에만 주목하면 용서할 수 없는 '분노'를 경험할 테고, 인간다운 욕구 상실에 주목하면 '공허'라는 고통을 체험할 것입니다.

배구 경기를 보면 현실적으로 신장에 따라 할 수 있는 플레이가 달라집니다. 그러니 "키가 좀 더 컸더라면" 하고 키 작은 선수가 아쉬워하는 것도 당연하겠지요. 큰 키로 다시 태어나게 해 달라고 기도할 가능성도 있겠지요.

저에게도 비슷한 경험이 있습니다. 지금은 여러 사람의 도움 덕분에 심리학자로 활동하고 있지만, 저는 연구자를 다수 배출한 유명 대학 출신이 아닙니다. 제가 연구자로 첫걸음을 내디뎠을 때만 해도 심리학계에서 유명한 일류대 출신자들에게만 다양한 혜택이 주어졌습니다. 저에게는 기회가 잘 오지 않았지요.

이 와중에 유명 대학 출신인 동년배의 지인은 기회를 잘 활용해서 연구 실적을 올리고 점점 유명해졌습니다. 그 지인을 보면서 '나도 그 대학을 나왔더라면' 하고 시샘했고, 대학의 중요성을 인지하지 못했던 과거의 자신을 원망했습니다.

하지만 다시 태어나지 않는 이상 제 이력서의 출신 대학은 바뀌지 않습니다. 포기하는 것 외에는 달리 방법이 없었습니다.

어쩌면 여러분도 키 작은 배구 선수나 저와 같은 경험을 이미 했을지 모르겠네요. 그럴 때 어떤 생각을 하셨나요? 누군가를 부러워하거나 질투하거나 자신을 원망하거나 허무해하거나 포기하거나…. 혹시 이런 감정을 느낀 적 없나요?

부정적인 생각을 거듭하며 고민하고 괴로워하는 동안 시간만 낭비한다는 사실이 중요합니다. 이번 생에서 다시 태어나는 일은 불가능합니다. 실현 가능성이 전혀 없는 일을 간절히 원하더라도, 안타깝지만 할 수 없는 일은 할 수 없습니다.

다만 "할 수 없는 일은 할 수 없다"를 반대로 말하면, "할 수 있는 일은 할 수 있다"가 되겠지요. 키 작은 선수는 팀을 위기에서 구하는 리시브의 달인이 될 수 있습니다. 공격수를 지원해 줌으로써 스타 공격수에게 감사와 존경을 받는 일도 가능합니다. 저 또한 일류대 출신 지인이 외면하던 기회를 제 방식대로 살려서 나름 성과를 올릴 수 있었습니다.

분명 할 수 있는 일은 할 수 있는데, 왜 우리는 뻔히 시간 낭비인 줄 알면서 자신에게 없는 것에 마음을 빼앗기고 시기와 원망, 허무에 몸서리칠까요? 이 고통에서 벗어날 수 있는 처방전이 바로 아들러의 명언입니다.

안타깝게도 우리는 자신의 감정 사용법에 서툴 때가 많습니다. 만약 질투심과 공허감에서 헤어 나오지 못한다면 아들러의 말대로 감정 사용법을 바꿔 보는 선택지를 떠올려 주세요. 감정 사용법만 달리 적용해도 다시 태어난 것처럼 세상이 완전히 새롭게 보일 테니까요.

본래 인간의 감정이란 스스로에게 무엇인가를 알려 주는 신호입니다. 말하자면 '정보'인 셈이지요. 이는 프로이트가 최초로 문제 제기하고 현대 심리학에서 과학적으로 입증된 사실입니다.

감정이 가르쳐 주는 새로운 정보에 주목하면 새로운 무엇인가가 보이게 마련입니다. 그렇게 감정은 또 다른 세계와 또 다른 자신의 존재를 일깨워 줍니다.

물론 감정은 하나의 체험이기도 하지요. 따라서 감정을 그저 체험으로만 소비하기 쉽습니다. 하지만 우리가 감정을 획득한 본래의 목적은 이를 통해 자신이 처한 현실을 정확하게 인식하고 올바르게 대처하기 위함입니다.

감정을 정보로 활용하는 방법은 다음 명언에서 자세히 소개하겠습니다. 감정 사용법을 달리해서 새로운 세계와 새로운 자신을 발견해 보세요.

누군가를 만나면
내 못난 점만 보여요

목표가 정해져 있는 이상
열등감이 생기는 것은 당연한 일이다.
아들러

이 명언을 살펴보기 전에 불편한 방황을 당장 끝낼 방법을 하나 소개하겠습니다. 바로 포기하는 것입니다. 모든 목표를 포기하고 손에 쥐고 있는 것만으로 살 수 있다면 인간은 마음 편하게 지낼 수 있습니다.

하지만 우리는 그렇게 쉽게 목표를 포기하지 못합니다. '나'라는 인간으로 태어난 이상 '나'만의 인생을 만들어 내고 싶고, 또 그렇게 꾸려 나가고 싶으니까요. 이런 마음이 목표가 됩니다. 그런데 현실에서는 목표대로 일이 진행되지 않을 때가 더 많지요. 게다가 목표 달성이 어려워지면 우리는 열등감이라는 감정에 사로잡히게 됩니다.

　예를 들어 원하는 대학을 가지 못한 대학생이 있다고 가정해 봅시다. 그 학생이 아침마다 타고 다니는 전철 노선 안에는 낙방한 대학과 가까운 역도 있습니다. 그렇다면 등굣길에 자신이 그토록 가고 싶어 했던 대학에 다니는 학생들과 마주칠 수밖에 없겠지요. 그 학생은 매일 자신이 가지 못한 대학에 다니는 학생들과 같은 전철을 타고, 또 그 대학과 가까운 역에서 내리는 학생들을 바라보게 됩니다.

　만약 여러분이 이 학생이라면 어떤 기분이 들까요? 제가 이 학생이라면 열등감을 제일 먼저 느낄 것 같습니다. '내가 이루지 못한 목표를 거머쥔 아이들'이라고 생각하며 자신도 모르는 사이에 비교할 테니까요.

　열등감은 무척 괴로운 감정입니다. 인간은 자신이 남보다 못하다고 느낄 때 마음의 아픔을 경험하도록 설계되어 있습니다.

　따라서 대부분의 사람은 열등감을 느낄 만한 장소나 대상을 피하려고 합니다. 주위를 보면 동창회 소식을 들어도 절대로 참석하지 않는다는 사람이 있습니다. 그 이유를 들어 보니 동기와 얼굴을 마주하는 순간 여러모로 비교하게 되고, 비교하면 열등감이 들어서 마음이 불편하니까 동창회에 나가지 않는다고 합니다.

실은 저도 열등감 때문에 만남을 피하던 시절이 있었습니다. 학자가 되려면 대학원에서 연구생으로 오랫동안 훈련을 받아야 합니다. 당시 카운슬러로 활동하던 저는 일하면서 대학원에 다녔습니다. 신입 카운슬러 벌이는 시원찮았고 학비도 필요했기 때문에 경제적으로 늘 쪼들렸습니다.

한편 고등학교와 대학교 동창들은 이미 직장에 다니고 있어서 밥벌이를 잘하고 있었습니다. 저와는 버는 돈의 단위가 다를 정도였습니다. 같이 식사를 하러 가면 무조건 저렴한 것만 찾는 저와는 달리 금액 따위 신경 쓰지 않고 먹고 싶은 것을 아무렇지도 않게 시키는 친구들! 정말 비참한 기분이었습니다. 그래서 동창들을 10년 가까이 만나지 않았습니다.

이렇듯 우리는 열등감을 싫어하고 열등감을 피하려고 합니다.

하지만 아들러의 말에 따르면 열등감을 느끼는 것은 당연한 일이며 열등감이 생겨도 괜찮다고 합니다. 아니, 오히려 열등감은 있어야 마땅하다고 합니다. 열등감은 고통스러운데 왜 필요할까요?

열등감이 있다는 것은 아들러의 말대로 뚜렷한 목표가 존재하기 때문입니다. 요컨대 당신의 마음속에 포기하지 않으려는 확고한 의지가 있다는 것이지요.

목표가 있고, 그 목표를 포기하지 않는 마음을 가진다면 사람은 행동할 수 있습니다. 앞에서 소개한 아들러의 말대로 감정 사용법을 바꾸면 될 테니까요.

원하는 대학을 가지 못한 대학생 이야기를 다시 떠올려 보면, 그가 낙방한 대학에 가고 싶었던 이유가 분명 있을 것입니다. 만약 미래에 고소득을 받는 직업을 갖는 게 이유라면 낙방한 대학 졸업생보다 더 많은 연봉을 받을 수 있도록 행동하면 됩니다. 그러면 그 대학에 다니는 다른 학생에게 열등감을 느낄 필요도 없고, 본래 자신의 목표보다 더 높은 수준을 달성할 수 있겠지요.

동창에게 열등감을 느낀 저도 열등감에서 도망치고 싶어서 동창을 피하기만 한 것은 아닙니다. 심리학자로서 동기들과 같은, 혹은 그 이상의 경제력을 갖추기 위해 나름 최선을 다했습니다.

요컨대 열등감에서 비롯된 고통은 피해야 마땅한 체험이 아니라, 목표를 알려 주는 소중한 감정이자 목표를 향해 행동하기 위한 시발점과 같습니다. 열등감을 직시하면 자신의 진정한 목표가 보입니다. 잠시 침울한 기분에 휩싸일지도 모르지만, 아무쪼록 불편한 감정을 견뎌 내고 열등감과 맞서는 용기를 잃지 않기를 뜨겁게 응원하겠습니다.

과거를 후회하느라
새 출발이 어려울 때

자신의 인생을 결정하는 것은
'바로 지금, 여기에서' 숨 쉬고 있는 자신이다.

아들러

이 명언은 특히 잘 기억해 주세요. '지금 여기에서' 자신이 무엇을 하느냐가 자신의 미래를 바꿉니다.

당신이 더 나은 인생을 진심으로 바란다면 분명 더 좋아질 수 있습니다. 여기에서 진심으로 바란다는 것은 '항상 자신의 바람을 떠올리고 그 꿈을 실현하기 위한 적절한 행동을 끊임없이 추구한다'라는 의미입니다. 간절히 바라면 기회가 꼭 찾아옵니다.

무엇보다 희망의 끈을 놓지 않으면 그 소원을 실현할 기회를 놓치지 않겠지요. 앞에서 이야기한 키 작은 배구 선수가 "난 키가 작아. 애당초 배구 선수로는 불리한 운명으로 태어났어"라며 체념하고 비관하며 자신의 꿈을 포기했다면, 아마도 배구를 그만두고 다른 인생을 살아갔을 것입니다.

좋든 나쁘든 이런 결정이 다가올 그의 인생을 바꿉니다. 반대로 배구 선수라는 꿈을 포기하지 않고 팀에 꼭 필요한 선수가 되기 위해 노력한다면 작은 몸집이 반대로 강점이 되는 기회를 포착할 수 있을 테지요. 위기에서 팀을 구하는 명수비수가 될지도 모르고, 에이스 공격수를 돕는 팀의 심장으로 에이스에게도 존경받고 감독에게도 칭찬받는 훌륭한 선수가 될지도 모릅니다.

하지만 에이스가 되지 못한 현실을 원망하며 '배구 선수로서의 운명도 끝'이라고 단념한다면 키 작은 명수비수도 일류 선수도 이 세상에 존재하지 않겠지요. 전혀 다른 인생이 펼쳐집니다.

물론 다른 인생이 더 행복할 수도 있습니다. 하지만 운명과는 전혀 상관없이, 자신의 결정에 따라 명선수로서의 모습은 영원히 만나지 못할 것입니다.

분명 우리에게는 이룰 수 없는 일, 불가능한 일도 많습니다. 예컨대 지금 제가 세계적인 무대에서 활약하는 운동선수를 꿈꾼들 이는 절대 실현할 수 없는, 한낱 꿈에 불과합니다. 못 하는 일은 할 수 없다고 현실을 받아들여야 합니다. 그리고 이런 현실도 지금 이 순간의 한 부분입니다. 마찬가지로 할 수 있는 일이 있다는 현실도 '지금, 여기'의 일부분이고요.

조금 특별한 사례일지 모르지만, 사고 후유증으로 몸을 움직이지 못하고 침대에 누워서만 지내는 어떤 사람이 인터넷을 활용해서 혼자만의 힘으로 창업하고 활발하게 활동한다는 소식을 매스컴에서 접한 적이 있습니다. 이처럼 거동이 불편해도 할 수 있는 일은 할 수 있습니다.

만약 할 수 없는 일에만 주목하면 할 수 있는 일이 눈에 들어오지 않겠지요. 그도 그럴 것이 인간의 마음은 용량이 정해져 있으니까요.

마음을 담는 그릇이 '불가능'으로 가득 차 있다면 어떻게 될까요? 그 대답은 이미 당신도 알고 있듯, 자신의 마음에서 할 수 있는 일이 사라져 버립니다.

아들러가 고개를 절레절레 흔들며 안타까워할 마음의 모습은 "난 이렇게 태어나 버렸어" 하고 제멋대로 한계를 정한 다음 이건 운명이라며 뭔가 심오한 깨달음을 얻은 것처럼 그 자리에 안주하는 상태입니다.

깨달음을 얻었다고 생각하는 순간, 일관성에 기쁨을 느끼는 보상계의 뇌 신경망이 작동함으로써 뭔가 채워진 것 같은 만족감과 마음의 안정을 맛보게 됩니다. 이런 안락함이 고착화되면

'깨달음 의존증(중독)'과 같은 상태에 빠집니다. 1장에서 소개했듯이 "모든 형태의 중독은 악"이라고 융도 설파했지요.

거듭 이야기가 나왔지만, 우리는 누군가를 부러워할 필요가 없습니다. 또 자신에게 능력이 주어지지 않았다는 사실을 억울해할 필요도 없습니다. 더욱이 현재 자신을 부정하면서 '다시 태어난다면' 따위의 실현 불가능한 상상을 할 필요도 전혀 없습니다.

아들러의 말을 빌리자면 그런 후회를 해도 바뀌는 것은 아무것도 없습니다. 지금 여기에 존재하는 것은 '할 수 있는 일이 있다는 현실'입니다. 이 현실이 바로 진짜배기입니다. 당신은 이런 현실을 단단히 붙잡고 행동하면 됩니다.

그리고 당신의 행동이 내일의 '지금, 여기'를 아주 조금 바꿉니다. 모레의 행동이 글피의 '지금, 여기'를 아주 조금 바꿀 것입니다.

이런 하루하루가 쌓여서 미래는 몰라보게 달라질 테지요. 인생을 결정하는 것은 '바로 지금, 여기에서' 숨 쉬고 있는 당신 자신입니다. 미래는 바로 당신의 손안에 있습니다.

인생에 변화가
필요할 때

행동을 믿어 보자.

말에서 그치지 않고 인생이 달라질 테니까.

아들러

"힘만 있으면 뭐든지 할 수 있다!"라는 말이 있습니다. 국회의원으로도 활동한 일본 프로 레슬링의 대부 안토니오 이노키ｱﾝﾄﾆｵ猪木의 명언입니다. 많은 이들에게 용기를 준 그의 말을 상담실에서는 순서를 살짝 바꿔서 저도 종종 인용하고 있습니다.

"뭐라도 하면 힘이 생긴다!"

위의 아들러의 명언이 일깨워 주듯이, 백 마디 말보다 행동이 최고라는 진실을 소개하겠습니다.

만사가 다 귀찮고 기운이 전혀 나지 않을 때, 속는 셈 치고 일단 움직여 보세요. 책상 정리나 청소 같은 일상적인 일도 좋고, 옷장 대청소나 평소 다니지 않던 길로 산책하기처럼 특별한 행동이라면 대환영입니다.

당장 움직여 보면 어떤 일이 생길까요? 우선 행동을 하고 30초 정도 지나면, 뇌는 작업 흥분 모드로 바뀌며 스위치를 켭니다. 뇌가 활성화되면 곧바로 에너지를 만들어 냅니다. 힘이 생기는 것이지요.

게다가 평소와 다른 행동을 취하면 뇌는 색다른 자극을 받습니다. 뇌는 외부 환경의 변화를 감지하기 위해 발달했기 때문에, 사소한 변화도 뇌 활성화의 기폭제가 될 수 있습니다.

또, 행동하면 바로바로 결과물이 생깁니다. 청소나 책상 정리를 하면 집안이 깔끔해지겠지요. 평소 다니지 않던 길로 산책해 보면 새로운 무언가를 발견할 기회도 생깁니다. 전혀 예상치 못한 장소에서 근사한 카페를 찾아내고 내일 꼭 가 보겠다고 다짐하며 다음 행동을 계획한다면, 당신의 일상이 훨씬 다채로워지겠지요.

이처럼 "아무튼 몸을 움직여서 기운을 내자!"라는 동기부여 방법을 심리 상담에서는 '행동 활성화'라고 부르며 행동치료의 한 기법으로 적극 활용하고 있습니다. 이 치료법은 우울증을 앓을 정도로 마음의 에너지가 고갈된 사람에게도 효과가 있다고 합니다. 당신도 의욕을 상실했을 때는 묻지도 따지지도 말고 우선 움직여 보세요.

아울러 아들러가 우리에게 전하고 싶었던 핵심 메시지, "무언가를 하면 무언가가 바뀐다!"를 오래오래 기억해 주세요. 아들러의 메시지가 더 빛나는 이유는 실제로 이 세상은 수많은 사람의 행동과 행동이 연대함으로써 이루어지는 공동체 사회이기 때문입니다.

혹시 "남에게 인정을 베풀면 반드시 나에게 돌아온다"라는 말을 들어 본 적 있나요? 이는 다른 사람에게 호의를 베풀면 그호의가 돌고 돌아 자신에게 되돌아온다는 의미입니다. 즉 자신의 선한 행동이 인생의 장애물을 만났을 때 스스로를 구해 준다는 것이지요.

이 표현이 뜻하는 바를 현대 사회에 적용해 본다면 이렇게 말할 수 있겠지요. "여러분이 친절하게 행동하면 주위에서도 친절을 베풀며 반응해 줍니다". 다시 말해 자신의 행동이 인간관계는 물론이고 생활환경까지 바꿀 수 있다는 뜻입니다.

심리학자의 명언을 소개하는 책에서 "백 마디 말보다 행동이 중요하다"라는 메시지를 전달하면 다소 모순처럼 보일 수도 있지만, 행동이 변화를 선사한다는 것은 진실입니다. 그리고 확실히 인생이 달라집니다.

아들러가 말한 대로 행동하지 않고 번지르르한 말에서 그친다면 아무 일도 일어나지 않습니다. 물론 말은 사건의 발단이 될 수 있습니다. 예를 들어 짝사랑하는 상대방에게 용기 내어 다가간다면 사랑의 사건이 막을 올릴지도 모르죠. 하지만 구체적인 행동으로 이어지지 않는다면 두 사람의 관계가 발전하기 어렵겠지요.

아무튼 가장 중요한 것은 행동하는 것입니다! 그런데 "행동이 최고의 방법이라는 건 충분히 알겠는데, 어떻게 행동해야 하나요?" 하고 고개를 갸우뚱할 수도 있습니다. 그 답을 다음 아들러의 문장으로 명쾌하게 알려 드리겠습니다.

과거의 영광에
아직도 취해 있나요

강하게 보이려고 용쓰지 말고,

당장 강해지려고 노력하라.

아들러

나이 지긋한 중년 남성이 비호감으로 낙인찍힐 때가 언제일까요? 일명 "라떼는 말이야" 하며 자신의 무용담을 장황하게 늘어놓을 때입니다.

본래 무용담이란 '싸움에서 용감하게 활약하여 공을 세운 용사 이야기'라는 뜻이지요. 여기에서 '용감무쌍한 이야기'로 의미가 확장되었고, 지금은 사회적으로 인정받는 공적이나 실적 활약상까지 폭넓게 쓰이고 있습니다.

무용담을 길게 늘어놓는 사람들은 특히 젊은이들에게 무언가를 가르쳐 주겠다는 명분을 내세우며 목소리를 높일 때가 많습니다. 분명 성공담일 테니 이야기 속에 성공의 비결이 담겼을 가능성도 있죠.

하지만 그때와 지금은 전혀 다른 세상이라고 할 정도로 많은 것이 달라졌습니다. 따라서 지난 1990년대의 성공담을 들어도 2020년대에 맞는 성공의 비결을 끌어내기는 힘들겠지요.

현실이 이렇다 보니 젊은이들은 연장자의 '라떼' 이야기를 들으면서 어떻게 반응해야 할지 몰라 난감해할 때도 있습니다. 연배가 높은 남성은 사회적 지위도 있을 테고, 연장자를 대우해 주는 '장유유서' 문화도 무시하기 어렵습니다. 그러니 무용담을 들어도 대놓고 싫은 내색을 하지 못하는 청년들이 많겠지요. 대부분은 "귀한 이야기 들려 주셔서 감사합니다!" 등 립 서비스 차원의 인사치례를 합니다. 연장자 앞에서 "그런 라떼 이야기가 지금 시대에 도움이 된다고 생각하세요?" 하며 맞받아치기는 아무래도 어려울 테니까요.

무용담을 즐겨 하는 분들에게는 정말 죄송한 말이지만, '라떼' 이야기를 쏟아내는 사람일수록 후배들에게 귀한 가르침을 주려고 말하는 것 같지는 않습니다. "정말 대단하세요!", "어쩜 그런 역사에 남을 만한 업적을!" 등의 칭찬이 듣고 싶어서 '라떼'를 외치는 경우가 더 많다고 생각합니다.

누구나 칭찬을 들으면 어깨가 으쓱해지기 마련이지요. 이는 사회심리학에서 '자기우월감'이라는 주제로 연구하는 현상이 기도 합니다.

어떤 의미에서 자기우월감은 열등감과 정반대의 심리 상태입니다. 열등감은 우리에게 괴로움, 고통을 안겨 주지만 자기우월감은 쾌락, 쾌감을 선사하니까요. 이런 쾌감에 빠지면 '라떼' 이야기를 되풀이하게 됩니다. 자기우월감으로 열등감을 감쪽같이 마음에서 지울 수 있다면 열등감이 초래하는 고통에서 해방될 테고 그 해방감을 맛볼수록 무용담에 빠져들 수밖에 없을 테니까요.

혹시나 하는 마음에 중년 남성의 명예를 위해 덧붙인다면 젊은 남성 중에서도 자기우월감에 빠져 있는 사람이 있습니다. 주위에 무용담을 늘어놓는 동료나 후배, 있지 않나요?

마찬가지로 자기우월감을 앞세우는 여성의 경우 남성처럼 무용담을 반복해서 자랑합니다. 또한 뭔가 대단한 일을 해냈다는 성공담뿐 아니라, "후배를 키워서 성공시켰다"라며 자신의 영향력을 떠벌리는 사람도 있습니다.

무용담을 즐기는 사람에게는 미안하지만, 과장된 자기 자랑은 '자신을 더욱 크게 보이려는 행동'입니다. 아들러의 표현을 빌리면 '강하게 보이려고 용쓰는 일'에 아주 가깝습니다.

지금까지 무용담을 장황하게 떠들어 대는 사람들의 '라떼'

이야기에서 여러분은 어떤 의미를 찾을 수 있었나요? 무용담 주인공이 맛보는 쾌감 이외에는 달리 의미를 찾을 수 없을 듯합니다. 조금 표현이 거칠지도 모르지만, 결론적으로 무용담을 늘어놓는 사람에게도 듣는 사람에게도 과시용 자랑은 모두 영양가 없는 행동이라는 것이지요. 아들러가 강하게 보이려고 용쓰지 말라고 한 것은 바로 이런 이유에서입니다.

반대로 단순히 '척'이 아닌, 자신이 진정으로 강해지려고 애쓰는 노력은 전혀 다른 이야기입니다. 자신을 갈고닦는 행동은 고스란히 축적됩니다. 예컨대 근력을 단련하거나 건강 수명을 늘리려는 하루하루의 노력이 5년 후, 10년 후에 한 사람의 인생을 바꿉니다. 사회적으로 평가받는 사항이라면 그 업적이 차곡차곡 쌓여서 자신의 이력서를 화려하게 수놓겠지요.

스스로 강인해지려고 힘쓰는 성실한 행동은 장황한 무용담으로 떠벌리지 않더라도 가까운 미래에 훌륭한 업적이 되어 말할 기회가 저절로 생깁니다. 어떻게 타인에게 선한 영향력을 행사할 수 있었는지 말하지 않더라도 널리 알려질 것입니다.

과거의 영광이 아닌, 미래의 영광에 더 가치를 둡시다.

지금까지 '의욕'에 대한 이야기를 어떻게 읽으셨나요?

하루하루 에너지 넘치는 동적인 삶을 좋아하는 사람이 있다면 차분하면서도 정적인 삶을 즐기는 사람도 있을 테지요.

다만 어떤 순간이든 인생의 소중한 찰나임이 분명합니다. 순간이 모이고 쌓여 이루어지는 것이 우리의 인생일 테니까요. 게다가 인생이라는 시간은 비축할 수 없는 자산으로 하루하루 시시각각 소비되고 있습니다. 이런 생각이 든다면 하루를 허투루 보내면 안 되겠지요. 물론 "시간을 낭비하면 안 돼!" 하고 초조해하거나 억지로 힘을 쥐어 짜낼 필요는 없습니다.

이런 마음은 우리 자신을 갉아먹을 따름입니다. 자신을 상실하고 암울한 행동을 되풀이한다면 "내 인생 정말 잘 살았다!"라고 말할 수는 없을 테지요.

의욕은 아래의 두 가지를 정확히 구분하는 데서 비롯됩니다.

'<u>스스로 할 수 있는 일</u>'

'<u>스스로 할 수 없는 일</u>'과 '<u>스스로 하지 않아도 되는 일</u>'

할 수 있는 일과 할 수 없는 일을 간파하기 위해서는 우선 할 수 있다는 기대감을 앗아가는 함정을 찾아내서 이런 함정에 빠지지 말아야겠지요.

그리고 할 수 있다는 성취에 대한 기대는 자신과 세상을 어떻게 규정하느냐에 따라 크게 달라지기 때문에 의욕을 고취시키는 마음의 습관을 익히는 일도 필요합니다.

그럼 2장의 핵심 내용을 함정, '나'를 바라보는 마음, '세상'을 바라보는 마음으로 나누어서 차근차근 정리해 봅시다.

할 수 있다는 기대감을 앗아 가는 함정

- 지나치게 조심하는 탓에 결과가 확실한 전례만 따르려고 할 때
- 타고난 것만으로 자신의 재능을 단정 지을 때
- 동물적인 동인이 충족되었을 때
- 자신이 갖고 있지 않은 것을 부러워하고 질투할 때
- 열등감이라는 고통을 직시하지 않고 거듭 피하려고만 할 때
- 운명에 안주하려는 '깨달음 의존증'에 빠졌을 때

할 수 있다는 기대감을 이어 가는 '나'를 바라보는 마음

- '할 수 있는 모든 것'이 나의 재능이라는 믿음
- 외적 보상을 얻으려는 행동과 자신의 내면을 향한 내적 가치의 균형을 이루는 일

- 때로는 동물적인 동인을 충족시키는 쾌락도 나쁘지 않다
- 때때로 찰나의 쾌락을 소비하는 '동물'에 죽음을 선포하고, '존경과 존중, 나만의 서사'를 추구하는 인류를 깨운다
- '나'에게 없는 것보다 '나'에게 있는 것, '내가' 할 수 있는 일에 집중한다
- 감정 사용법을 바꾸면 다시 태어난 듯 세상이 바뀐다
- 열등감이라는 고통은 기피할 체험이 아니라 목표를 알려 주는 소중한 감정
- 과거의 영광이 아니라 미래의 영광에 주목한다

할 수 있다는 기대감을 이어 나가는 '세상'을 바라보는 마음

- 결과가 불확실한 미래는 가슴 떨리는 설렘을 선사한다
- 누구나 찾는 일보다 남이 하지 않는 일에도 관심을 갖자
- '지금, 여기'를 소중히 여기는 행동이 더 나은 미래를 보장한다
- 행동하면 무엇인가 하나라도 달라진다

지금까지 정리한 내용을 마음에 소중히 간직해 주세요. 때때로 마음의 생채기가 너무 커서 의욕이 바닥을 훤히 드러내더라도, 의욕을 일으키는 마음의 습관이 마치 심폐 소생술처럼 의욕을 되살려 줄 테니까요.

의욕 상실이라는 캄캄한 터널에서 하루라도 빨리 벗어나기를!

3장.

선택의
기로에서
나에 대한 확신이
사라질 때

요즘 당신은 하루하루를 어떻게 지내나요? 기분 좋게 보내고 있나요?

저는 아침에 눈을 뜨면 '오늘 하루, 활기차고 기분 좋게 지내야지!' 하고 긍정적인 마음으로 하루를 시작하려고 합니다. 하지만 기분은 맑음보다 흐림일 때가 훨씬 많습니다. 하루 종일 찜찜한 기분에 사로잡혀 있거나 '별일 없을까, 괜찮을까?' 등의 생각으로 머릿속에 먹구름이 잔뜩 몰려오는 날도 있고요. 심지어 사소한 일에 '버럭' 화가 나기도 합니다.

제목을 보면 알 수 있듯이 3장에서는 자기긍정, 즉 자신을 향한 긍정적인 마음에 대해 이야기할 예정입니다. 그런데 불안, 초조함이나 분노와 같은 불편한 감정부터 언급하니 지금쯤 의아하게 생각할지도 모르겠네요. 하지만 자기 자신을 믿고 긍정하는 마음을 이어 나가려면 부정적인 감정을 알 필요가 있습니다. 왜냐하면 감정을 오롯이 이해하면 자기긍정이나 자아존중감을 높이는 말의 의미가 더 절절하게 와닿을 테니까요.

그럼 잠시 감정의 참된 의미를 살펴보기로 하지요.

인간은 매일 좋은 감정, 나쁜 감정을 가리지 않고 두루 경험합니다. 감정 자체를 좋게 생각하느냐 나쁘게 생각하느냐는 개인의 가치관이나 상황에 따라 달라지는 것 같습니다.

이를테면 상담실을 찾는 많은 내담자가 자신의 부정적인 감정 때문에 굉장히 힘들어합니다. "이런 감정이 저를 괴롭혀요. 너무너무 괴로워요" 하며 자신의 감정에 저주를 퍼붓는 사람도 있지요.

반면에 어떤 목표를 이룬 사람, 예컨대 예순이 훌쩍 넘은 나이에 스포츠의 묘미를 느끼고 대회에 출전했다가 덜컥 상까지 받은 사람은 감정에 전혀 다른 태도를 보입니다. 긍정적이면서도 유쾌한 감정을 기꺼이 즐기지요. 달리 표현하면 자신의 모든 감정을 객관적으로 바라보며 축복해 줍니다.

도대체 감정이란 무엇일까요?

이 질문에 대한 심리학자들의 명언을 3장에 간추려 보았습니다. 현대 심리학에서는 인간이 무엇을 위해 감정을 획득했는지, 그 이유를 거의 명확히 밝혀냅니다.

인간이 감정을 지니게 된 까닭은 주위 환경에 발 빠르게 대처하며 적절히 행동하기 위해서입니다. 그런 연유에서 가장 오래된 감정은 공포로 추정됩니다. 공포란 주변에 포식자의 위협이 도사리고 있다는 정보를 알리는, 일종의 센서입니다.

물고기나 개구리 등 원시 생물은 자기보다 몸집이 큰 동물이 가까이 오면 잡아먹힐 위협을 감지하고 냅다 도망칩니다. 이때 동반되는 감정이 바로 공포이지요. 반대로 자기보다 작은 동물이 가까이 있으면 먹이라고 인식해서 덥석 잡아먹습니다. 이때 느끼는 감정은 기쁨이고요.

감정이 무엇인지 조금 감이 오나요?

주변 상황 속에서 '자신이 지금 어떤 사태에 처해 있는지'를 인식하는 시스템이 바로 감정입니다.

요컨대 감정의 본질은 '자신이 직면한 현재 상태'와 유기적으로 이어집니다.

인간의 경우 '포식자가 있다, 먹이가 있다'라는 생존의 문제뿐 아니라, '사회 속에서 자신이 어떤 상황에 처해 있는지'를 파악하는 사회적으로 당면한 문제에도 주의를 기울여야 합니다. 적어도 현대 문명에서 생활하는 한 포식자에게 먹힐 위험은 높지 않을 테니까요. 그렇기에 '하루하루 생활하는 과정에서 마주하는 자신의 상태'를 '뇌가 어떻게 포착하느냐'에 따라 우리의 감정은 시시각각 달라지기 마련입니다. 이 감정들은 자기긍정에도 고스란히 반영됩니다.

자존감이나 자기긍정에 대한 서적이 무수히 쏟아지고 있지만 아쉽게도 감정의 본질을 지적한 책은 많지 않은 것 같습니다. 여기에서는 감정의 진정한 의미를 예리하게 파헤친 심리학자들의 문장을 통해 자기긍정의 본질을 이해할 수 있으리라 확신합니다.

3장에 등장하는 문장을 곱씹으면서, 자신의 감정을 능숙하게 활용하는 방법을 배워 보세요.

도덕적으로 완전무결한
사람이 존재할까요

도덕가를 데리고 오라,

내가 그 사람을 치료해 줄 테니.

융

'스스로 도덕가라고 떠벌리고 다니는 누군가' 때문에 당신의 자존감이 상처 입었을 때 융의 위 문장을 떠올려 보세요. 이유인즉 도덕과 양심에 따라 행동하는 도덕가인 척 자부하는 사람일수록 마음의 어둠이 짙은 위선자이자, 어떤 의미에서는 광기에 찬 사람이기 때문입니다. 그런 광인 탓에 소중한 자존감이 상처를 입는다면 이보다 더 안타까운 일도 없겠지요.

어떤 의미에서는 겉으로만 착한 체를 하는 위선자는 사기꾼이나 다름없습니다. 위선자에 사기꾼이라니, 굉장히 자극적인 단어가 연거푸 등장하네요. 도덕가를 너무 심하게 나쁜 사람으로 몰고 가는 것 같아서 불편해하는 사람도 있을 테지요.

자칭 도덕가라고 외쳐 대는 사람을 제가 혐오하는 이유는 이 세상에 절대적으로 '옳다'라는 정답은 존재하지 않기 때문입니다.

예를 들면 옳음에 가까운 것으로 '정론正論'이라는 것이 있습니다. 그런데 정론이라고 해서 항상 옳은 것은 아닙니다. 관점이나 상황이 달라지면 정론은 언제든지 바뀔 수 있습니다. 모든 사람이 행복해지는 최선의 정답은 거듭 생각하고 고민해야만 합니다.

하지만 하나의 정론만 고집하며 스스로 도덕가라고 외치는 사람일수록 자신의 올바름에 묘한 자신감을 갖고 있습니다. 나쁜 의미의 확신입니다. '올바르다'라고 소리 높이는 자신의 주장이 다분히 일방적임에도 본인은 이를 깨닫지 못합니다.

만약 직장에서 정론을 내세우며 "내가 무조건 옳으니 내 말을 따르라"라고 강요한다면 이는 직장 내 괴롭힘으로 문제 삼아야 할 소지가 다분합니다. 그도 그럴 것이 상대방의 기분 따위는 생각하지 않고 일방적인 논리만 앞세워 억압하는, 일명 '논리적 괴롭힘logical harassment'이 될 테니까요.

정작 가해자는 도덕이나 정론으로 포장했기에 선행을 베풀었다고 생각합니다. 스스로 착한 사람이라고 착각하지요. 하지만 쌍방이 아닌 일방적인 주장으로 상대방의 정론을 묵살하고 있을 따름입니다. 게다가 정론을 묵살당한 쪽은 자신의 생각이 무시당했다고 느낍니다. 심하면 인격이 부정당했다는 모욕감에 사로잡히기도 합니다. 이는 직장 내 괴롭힘이 되기도 하고, 이 과정에서 피해자는 자존감에 치명적인 상처를 입습니다.

더욱이 가해자가 교묘하게 옳은 척하며 도덕가 흉내를 내기 때문에 피해자는 자신이 피해자라는 사실을 인지하지 못합니다. 오히려 "내가 틀렸을지도 몰라" 하며 자신감을 상실하고 자신을 부정하게 됩니다.

이처럼 '스스로 도덕가라고 떠벌리고 다니는 누군가'는 올바름이라는 폭주 기관차에 왜곡된 도덕과 논리를 가득 싣고 달립니다. 그리고 다른 사람들의 입장과 자존감을 짓밟으며 말 그대로 폭주합니다. 상대방의 아픔은 전혀 아랑곳하지 않고요.

특히 자신의 열등감과 마주할 용기를 갖춘 진실한 사람일수록 일그러진 도덕가에게 나쁜 영향을 받기 쉽습니다. 그도 그럴 것이 열등감과 맞서는 용기는 '상황에 따라 자신을 재검토하는 용기'로 발전하는데, 재검토 과정에서 자신에 대한 확신이 흔들릴 수 있기 때문이지요.

물론 2장에서 언급했듯이 열등감을 직시할 때 맛보는 고통은 목표를 알려 주는 소중한 감정이자 목표를 향해 행동하기 위한 시발점과 같습니다. 따라서 열등감과 마주할 용기를 갖는 일도, 자신을 재고할 용기를 갖추는 일도 모두 소중합니다.

다만 자신에 대한 확신이 흔들리면 의욕을 상실하기 쉽습니다. 더구나 "나는 선이다"라고 외쳐 대는 위선자에게 농락당하면 정말로 바닥이 보이지 않는 구렁텅이로 추락하고 맙니다. 자신감은 물론이고 자존감까지 바닥으로 곤두박질칩니다.

그렇기에 더욱 융의 말을 기억해 주세요. 도덕가 행세를 하며 자신의 열등감에서 도망치려는 비겁한 위선자에게, 광기에 찬 괴물에게 당신의 자존감을 내어 줄 이유는 전혀 없습니다.

융이 지금 살아 있다면, 그런 괴물은 융이 치료해 주었을지도 모릅니다. 하지만 그는 이미 저세상 사람이니 혹시 그런 괴물이 보인다면 저에게 데려와 주세요. 제가 그 괴물을, 아니 그 사람을 열심히 치료해 볼 테니까요.

자신감을
갖고 싶어요

사랑받고 있다고 확신하는 사람은

당당하게 행동할 수 있다.

프로이트

앞서 설명했듯이 평소 우리가 경험하는 거의 모든 감정이 자기 긍정에 반영됩니다. 그러니 시시각각 달라지는 주변 환경을 뇌가 감지할 때마다 자신감은 변하게 마련이지요. 끊임없이 변화하기에 한번 최고의 자신감을 맛보았다고 해서 긍정적인 감정이 쭉 이어지지도 않습니다.

만약 자신감을 항상 최고로 유지하는 사람이 있다면 그 사람 때문에 주위 사람들은 불편할 수도 있습니다. 허세에 가까울 정도로 자신감을 내세우는 사람은 앞에서 소개한 자칭 도덕가일 확률이 높을 테니까요. 도덕가는 자신의 자존심을 지키기 위해 열등감과 용기 있게 마주하지 못하고 거듭 도망치는 비겁한 사람입니다.

"자신감이 있다 없다 해요!"라며 괴로워하고 있다면 당신은 적어도 비겁한 사람은 아닙니다. 열등감과 마주할 용기를 지닌 훌륭한 사람입니다. 부디 그런 자신에게 자긍심을 가지세요.

다만 자신을 향한 긍정적인 마음이 흔들릴 때 유쾌한 사람은 없을 테지요. 좋은 의미의 자신감을 갖고 당당하게 행동하고 싶은 것이 인지상정입니다. 그렇다면 자신감을 되찾는 방법은 없을까요? 프로이트의 말에서 답을 찾는다면 '사랑받고 있다'라고 확신하는 일입니다.

우리의 뇌는 사회적 자극에 반응하는 '사회 뇌'라고 말할 수 있습니다. 누군가에게 사랑받고 있다고 느끼면 뇌가 "당신은 꽤 괜찮은 사람이에요!"라는 신호를 보냅니다. 이 신호가 자신을 향한 감정을 좋은 방향으로 이끌어 줍니다.

그런데 누군가에게 사랑받는 일이 굉장히 어렵게 느껴지는 사람도 있겠지요. 개중에는 "나를 사랑해 주는 사람은 이 세상에 단 한 명도 없다고요!"라고 외치는 사람이 있을 수도 있고요.

사랑받고 있다는 것은 과연 어떤 의미일까요? 혹시 '사랑받고 있다'의 정의를 오해하고 있는 것은 아닐까요? 이 질문의 답을 찾기 위해 어느 20대 여성의 사례를 소개해 보겠습니다.

B씨는 아버지뻘의 직장 상사가 부하 직원인 자신을 싫어하는 것 같아서 출근만 하면 마음이 무거웠습니다. 부장이 사무적으로 대할 때마다 "이 사무실에서 난 필요 없는 존재인가 봐", "내가 그만두길 바라는 것 같아!" 하며 몹시 괴로워했습니다. 쌀쌀맞은 부장과 업무 이야기를 나누는 과정에서 자신도 모르게 눈가가 촉촉해진 적도 있었고, 그럴 때마다 화장실로 달려가 남몰래 눈물을 훔쳐야 했지요.

그런데 너무 고통스러워서 '그냥 끝내 버릴까, 죽어 버릴까' 하며 체념하자 신기하게도 오히려 마음이 편해졌습니다. 이는 자포자기에 가까운 심리 상태입니다. '나는 이미 죽었다'라고 생각함으로써 뇌는 '어떤 일에도 집착할 필요도 슬퍼할 필요도 없다'며 단념하게 됩니다. 그러면 되레 마음이 편해집니다. 물론 의욕은 바닥을 드러내겠지만요.

B씨는 부장이 자신을 싫어한다는 느낌을 받을 때마다 살아 있다는 생각이 들지 않았습니다. 심지어 "그냥 내가 죽어야지, 내가 죽어야 해" 하며 하루하루를 버티다가 "죽고 싶어!"가 입버릇이 되었습니다.

B씨는 왜 이토록 벼랑 끝에 내몰렸을까요? 이는 B가 '사랑받고 있다'의 정의를 왜곡했기 때문입니다.

현실적으로 부하 직원의 기분을 맞춰 주려고 용쓰는 직장 상사는 그리 많지 않겠지요. 물론 요즘은 섬기는 리더십이라고 하며 팀원의 사기를 끌어내는 팀장이 인기가 높습니다. 하지만 엄밀히 말하자면 의욕은 직원 스스로 관리해야 하고, 또 자신의 사기 진작을 위해서는 개개인이 노력해야 합니다. 극단적인 사례일지 모르나, "스스로 동기부여 하지 못한다면 그런 사원은 사표를 써야지요!" 하는 임원도 있었습니다.

실제로 부장의 말투가 어떠했는지는 정확히 알 수 없지만, 사무적이고 쌀쌀맞은 태도가 "너 같은 직원은 필요 없어!", "당장 사표 내"를 의미하는 것은 결코 아닙니다.

반면에 B씨가 생각하는, '사랑받고 있다'의 정의란 어떤 것이었을까요? "항상 고마워!", "보고서, 정말 도움이 많이 됐어", "일처리가 매끄러워서 늘 감동하고 있어" 같은 말처럼 매 순간 호의가 넘치는 칭찬을 들었을 때, 오직 그때만 부하 직원으로서 사랑받고 있다고 느낀 것은 아닐까요.

하지만 부장은 B씨의 업무 방식이나 근무 태도에 전혀 문제를 감지하지 못했습니다. 어찌 보면 부장 입장에서는 묵묵히 최선을 다하는 직원에게 애써 다가가서 칭찬해 줄 필요성을 느끼지 못했을지도요. 굳이 입 밖으로 내지는 않았지만 부장은 B씨의 업무 역량을 나름 높게 평가하고 인정해 줬습니다. 일을 빨리 끝내면 "오늘도 정말 수고했네!" 하며 따스한 인사를 건넸고 근무 평점도 후하게 줬습니다. B씨는 직원으로 충분히 사랑받고 있었던 것이지요.

이처럼 특별한 호의를 베풀지 않는다고 해서 상대방이 '나'를 싫어하는 것은 아닙니다. 존재를 인정받는 자체만으로도 충분히 사랑받고 있는 것입니다. 당신도 분명 사랑받고 있다는 믿음을 가져 보세요.

열등감은
나쁜 영향만 줄까요

열등감을 성공의 열쇠로 활용한 위인은

이루 셀 수 없이 많다.

아들러

앞에서 '사랑받고 있다(존재감을 인정받는다)'라는 확신이 자신감을 높인다고 소개했습니다. 이번에는 관점을 바꾸어서 열등감과 자기긍정을 살펴보겠습니다.

이미 경험한 사람도 있겠지만 대체로 열등감은 자기긍정에 나쁜 영향을 끼칩니다. 거듭 되풀이했듯이 열등감은 고통스럽습니다. 마음을 아프게 하지요.

자신도 모르는 사이에 남과 비교하면서 남보다 못났다고 느끼는 순간, 부정적인 감정에 휩싸입니다. 이 과정에서 많은 사람이 자신감을 상실합니다. 결과적으로 열등감을 맛보게 하는 장소나 사람을 자연스레 피하게 되고요.

하지만 2장에서 소개한 아들러의 명언, "다시 태어날 필요는 없다. 감정 사용법을 바꾸면 그것으로 충분할 테니까"를 떠올려 주세요. 열등감이라는 감정은 그 사용법만 바꾸면 자신감을 떨어뜨리기는커녕 오히려 자신감을 높일 수 있습니다. 만약 이것이 가능하다면 우리는 아무것도 두려워할 필요가 없겠지요. 성공을 손에 넣을 수도 있습니다.

실제로 저를 포함해 수많은 현대인이 열등감을 두려워하고, 열등감과 맞닥뜨렸을 때 이를 회피하려는 행동을 머릿속에서 가장 먼저 떠올립니다. 이런 회피 행동 중 가장 바람직하지 못한 사례가 앞에서 언급한 '도덕가 흉내를 내며 타인의 인격을 모독하는 일'입니다. 이는 매우 비열한 행동으로 사회의 지탄을 받아야 마땅할뿐더러, 자신을 바로잡을 용기가 전혀 없는 것입니다. 이런 사람의 미래는 구렁텅이에 빠진 인생뿐입니다.

도덕가 시늉보다 좀 더 나은 회피 행동을 꼽는다면 확실한 결과가 나올 행동만 취사선택하는 것입니다. 지나치게 조심하는 행위도 열등감을 피하는 하나의 방법이 됩니다. 만약 열등감이 엄습하더라도 자신의 행동에 확실한 결과가 따른다면 열등감은 한결 줄어들겠지요. 언뜻 보기에는 최선의 선택 같습니다.

하지만 이 방법은 앞서 "인생에서 가장 위험한 일은 지나치게 조심하는 것이다"라는 아들러의 명언에서 말했듯이, 미래가 보이지 않는 행동이기에 역시 위험한 선택입니다. 당장 눈에 보이는 결과만 좇는 행동이 최선의 선택지가 될 수 없는 이유는 결과의 비영속성 때문입니다. 영원불변한 것은 존재하지 않습니다. 세상도 세계도 자신도, 모든 것은 변하고 진화합니다. 따라서 당장은 확실한 결과를 기대하고 행동하더라도, 모든 일은 예상한 결과가 나오지 않을뿐더러 전례와 똑같은 결과가 나올 수도 없습니다.

예컨대 교실에서는 공부를 못한다는 사실에 심한 열등감을 느꼈지만 축구장에서는 마치 마법처럼 공을 요리조리 다루며 현란한 발놀림으로 상대편을 제압하는 고교 축구 선수가 있다고 가정해 봅시다. 이 선수는 학창 시절에는 축구에 집중함으로써 열등감을 피할 수 있었습니다. 그런데 졸업 후 프로 축구 선수로 뛰기에는 체력이 부족했고, 그 체력을 키우기 위해 노력도 하지 않았습니다. 그 결과, 학력도 직업도 아무것도 손에 넣지 못한 채 어른이 되고 말았습니다. 게다가 이제는 더 이상 축구로 열등감을 가릴 수도 없었습니다.

2장에서 이야기했듯이, 열등감에서 비롯된 고통은 목표 달성을 위한 행동의 시발점이 됩니다. 거칠게 말하자면 열등감과 맞서지 않으면 위선자라는 탈을 뒤집어쓰고 몰락을 기다리든, 열등감을 계속 회피하다가 발전할 기회를 영영 놓치든, 어느 쪽이든 최악의 사태에 맞닥뜨리고 맙니다.

뒤집어 말하면 시시각각 변모하는 현대 사회에서 살아남기 위해서는 열등감과 마주하는 일 자체가 자신의 미래를 더 발전시키는 최선의 전략이 됩니다. 지금 당신이 열등감과 마주해서 괴로워하고 있다면, 이는 앞으로 더 나은 자신을 만들어 갈 기회를 거머쥤다는 뜻이기도 합니다.

이와 관련해 실제 사례를 하나 살펴볼까요. 목표로 한 학과에는 진학하지 못했지만, 대신 같은 대학의 입학 점수가 낮은 학과에 합격한 대학 신입생이 있었습니다. 그런데 같은 대학의 성적이 높은 학과에 다니는 학생들을 동아리에서 만나면 열등감이 스멀스멀 올라왔습니다. 하지만 그 학생은 열등감이라는 고통을 회피하지 않고 직시했습니다. 오히려 감정 사용법을 바꾸어서 졸업 후 도움이 될 만한 자격증을 취득하려고 의지를 활활 불태웠습니다. 타 학과 학생들이 대학 생활을 즐기는 동안 공부에 매진한 결과, 그는 재학 중에 변호사 시험에 당당히 합격했습니다. 열등감과 마주하는 방법을 체득한 그 학생이 졸업 후 성공적으로 인생을 꾸려 나갔다는 것은 굳이 말할 필요도 없겠지요.

실제 있었던 이 일은 꿈이나 허무맹랑한 이야기가 아닙니다. 지금도 어딘가에서 누군가는 열등감을 성공의 열쇠로 삼아 목표를 이루기 위해 노력하고 있을지 모릅니다.

이처럼 열등감은 행동의 기폭제이자 성공을 향한 출발점입니다. 열등감에서 비롯된 고통과 마주할 용기를 가진 당신의 미래는 밝습니다. 열등감을 피하려고만 하지 말고 성공의 열쇠로 활용해 주세요.

마음이 여려서
고민입니다

상처 받기 쉬운 마음에서 강인함이 싹튼다.

프로이트

인간으로 살아가는 동안 상처 받지 않고 지내기는 힘들겠지요. 앞에서 살펴본 열등감도 마찬가지이지만, 이런저런 이유로 마음에 상처를 입으면 역시나 무척 쓰라리고 아픕니다.

열등감 이외에도 마음의 멍울은 다양합니다. 그중에서도 상담실에서 자주 다룰 만큼 피해가 아주 큰 아픔은 바로 '배신감'입니다. 인간은 배신에 특히 민감합니다. 누구나 배신을 당하면 내면이 칼로 베인 것처럼 고통스럽습니다.

왜 우리는 이토록 배신감에 치를 떠는 것일까요? 이는 우리에게 가장 위험한 존재가 배신자이기 때문입니다.

애당초 '상대가 적'이라는 사실을 알고 있다면 적절히 대처할 수 있습니다. 적의 공격에 대비할 테니까요. 하지만 배신자는 적이 아닌 얼굴을 하고 있기 때문에 우리는 무방비 상태로 있다가 속수무책 당하기 십상입니다. 말하자면 무장 해제하고 있는 당신을 향해 배신자는 무차별 공격을 가합니다.

몇 해 전 '엄마들 모임'에서 마음의 상처를 입고 상담실을 찾은 여성이 있었습니다. 유치원생 자녀를 둔 C씨는 같은 유치원에 다니는 친구 엄마에게 엄마들 모임에 같이 가자는 제안을 받았습니다. C씨는 아는 사람이 전혀 없어서 낯선 분위기가 늘 신경 쓰였는데, 스스럼없이 말을 걸어 주는 친구 엄마가 무척 고마웠습니다. 게다가 말로만 듣던 모임이어서 내심 기대를 하고 있었지요.

모임 장소는 그녀가 처음 가 보는, 고급스러운 레스토랑이었습니다. 그래서 친구 엄마에게 "혹시 드레스 코드 같은 거 있는 거 아니죠?" 하고 가볍게 물어보았더니 이런 대답이 돌아왔습니다.

"아니에요, 아니에요. 그냥 편하게 입고 와요. 드레스 코드는 불편해서 엄마들이 다 싫어해요!"

모임에 초대한 친구 엄마 말을 믿고 C씨는 평소의 청바지 차림으로 레스토랑에 들어섰습니다. 그런데 반전이 있었습니다.

해당 레스토랑에서 요구하는 옷차림이 있었던 것은 아니지만, 모임에 참가한 모든 엄마가 격식을 차린 정장 차림에 한껏 멋을 부리고 참석했던 것이지요.

C씨가 자리에 앉자마자 다른 엄마들이 수군거렸습니다. 왠지 자신의 옷차림을 두고 험담을 하는 것 같았습니다. 식사 분위기를 깨지 않으려고 거짓 미소로 자리를 지켰지만 음식이 입에 들어올 리가 없었지요. 당연히 엄마들 대화에도 끼지 못하고 그냥 아무 말 하지 못한 채 투명 인간처럼 자리만 지키고 있었습니다.

만약 당신이 이 사건의 주인공이 되어 레스토랑에 앉아 있다면 기분이 어떨까요? 분명 음식점에서 정해 놓은 드레스 코드는 따로 없었지만 모임에는 공공연하게 드레스 코드가 있었습니다. 물론 자신을 초대한 사람이 거짓말을 한 것은 아닙니다. 그러나 '속았다, 배신당했다, 웃음거리가 되었다'라는 불쾌감에 사로잡히겠지요.

실제로 이런 비슷한 일을 경험한 후, 심리적으로 심각한 상처를 입고 상담실을 찾는 내담자가 꽤 많습니다. 아무도 믿지 못하게 되고, 한편으로 너무 쉽게 타인을 믿은 자신을 원망합니다. 그러면서 자존감은 바닥을 향해 곤두박질칩니다.

그런데 실제 사건의 주인공은 시간이 많이 흐른 뒤 더 강해졌고 자존감을 회복했습니다. C씨는 어떻게 자신감을 되찾을 수 있었을까요? 상담을 하는 동안 다양한 과정을 거쳤지만 가장 중요한 포인트는 두 가지입니다. 하나는 열등감과 마주하는 일, 또 하나는 '나만의 서사'에 자부심을 갖는 일입니다. 얼핏 보기에는 모순된 이야기 같지만 실은 이 두 갈래의 치유 과정은 서로 이어져 있습니다.

C씨의 열등감을 파헤쳐 보면 '친구가 없어서 외롭고 불쌍한 나', '웃음거리가 되어도 내 편은 단 한 사람도 없다!'라는 것이 핵심이었습니다. C씨는 이런 열등감과 마주하는 과정에서, 즉 마음을 치유하는 과정에서 누구를 친구로 삼아야 할지, 무엇을 위해 아이를 유치원에 보내고 있는지, 애당초 엄마의 역할은 무엇인지, 그 목표를 하나씩 재인식했습니다. 그리고 목표를 향해 달려가는 자신만의 서사에 자긍심을 갖게 되었습니다.

살다 보면 자신감을 앗아 가는 배신자를 만날 때도 있겠지요. 하지만 마음의 상처를 자세히 들여다보며 자신을 재발견한다면 우리는 더 강해질 수 있습니다.

열등감에서
도망치고 싶을 때

인간이라는 존재는 열등감을 느끼기 마련이다.

아들러

아들러는 인간이 사회적인 존재라는 점에 주목한 심리학자 가운데 한 사람입니다. 아울러 본능적으로 자신과 타인을 비교하는 '사회 뇌'를 지니고 있다는, 어떤 의미에서는 인간의 번거로운 특징에 주목하여 자신만의 사상을 발전시킨 학자이기도 하고요.

비교하는 순간 인간의 머릿속엔 자신보다 잘났거나 못났거나 하는 우열 의식이 생겨나고 맙니다. 그러면 필연적으로 열등감에 사로잡혀 고통을 받게 되고요.

이 세상에서 아무리 애쓰고 노력하더라도 평생 최상위 존재로 군림할 수 있는 사람은 단 한 명도 없습니다. 즉, 인간은 열등감을 느끼기 위해 존재한다고 해도 과언이 아닙니다.

하지만 열등감은 인간에게 고통을 안겨 줍니다. 그렇다면 우리는 괴로움을 맛보기 위해 태어난 것일까요? 만약 인간이 그런 운명에 처해 있다면 인생은 너무나 가혹합니다. 아들러는 이를 극복하기 위해, 다시 말해 열등감을 단순히 아픔으로 여기지 않기 위해 다양한 각도에서 열등감을 고찰했습니다.

결과적으로 2장에서 소개했듯이, 아들러는 감정 사용법을 바꾸면 다시 태어난 것처럼 세상과 자신을 전혀 다르게 인식할 수 있다고 강조합니다. 고통스러운 열등감도 사용법에 따라서 다르게 작용할 수 있습니다.

실제로 심리학자인 제가 보기에도 마음은 한 톨의 불필요한 낭비도 허락하지 않는 것 같습니다. 아픈 마음도, 괴로운 마음도 모두 그 감정을 획득한 이유가 있습니다. 오늘날 심리학과 뇌과학에서는 거의 모든 감정의 의미를 규명합니다.

예컨대 우울감도 어떤 상황에서는 우리를 이롭게 한다고 감히 말할 수 있습니다. 마찬가지로 열등감이라는 감정에서도 아픔을 훌쩍 뛰어넘어 그 감정에 깃든 의미를 분명 찾을 수 있습니다.

그럼 아들러의 문장에 현대 심리학과 뇌과학의 지식을 더해

169

3장. 선택의 기로에서 나에 대한 확신이 사라질 때

서 열등감을 능숙하게 사용하는 방법을 알아보겠습니다. 핵심은 앞서 설명했듯이, '감정은 정보'라는 사실입니다. 그렇다면 열등감은 어떤 정보를 우리에게 알려 줄까요?

그 답을 알아보기 전에 마음과 뇌가 만들어 내는 모든 고통은, '나는 궁지에 처해 있다'라는 상황을 알리는 정보라는 점을 기억해 주세요. 간혹 뇌가 제멋대로 해석하고 연상해서 불편하지 않은 데도 궁지에 몰렸다고 느낄 때도 있지만, 일단은 고통을 알리는 스위치에 불이 켜졌다면 '난처한 상황을 알리는 신호'라고 생각해 주세요. 달리 표현하면 "뭐든 행동해서 상황을 바꿔!"라는 신호가 바로 고통입니다.

고통에 대처하는 행동의 하나로 '도망치기'가 있습니다. 인간이 사회를 구성하기 이전에는 도망가는 것이 고통을 피하는 최고의 모범답안이었습니다. 하지만 열등감은 조금 다릅니다.

열등감은 사회적인 감정의 하나로, 이 정보를 언어로 표현하면 '이 사회에서 지금 나는 불리한 위치에 있다'라는 신호라고 말할 수 있겠지요.

'열등감이 과연 나쁘기만 할까요?'에서 소개한 대학생을 예로 들면, 그 학생이 열등감에서 도망가기 위해 합격한 대학 진학을 포기했다고 가정해 볼까요. 이렇게 회피하더라도 사회에서 그 학생은 전혀 유리한 위치에 서지 않습니다. 오히려 불리해지겠지요. 열등감으로부터 도망치는 것은 절대 해결책이 될 수 없습니다.

그렇다면 열등감을 피하지 않고 정면 돌파하려면 어떻게 해야 할까요? 이미 앞에서 몇 가지 방법을 소개해 드렸습니다. 키 작은 배구 선수, 원하는 대학에 가지 못한 대학생, 모임에서 상처 받은 엄마, 모두 열등감에 맞서 자신의 목표를 재발견한 사례입니다.

요컨대 열등감을 느끼고 고통스러울 때는 "나는 무엇을 위해 이렇게 괴로울까? 무엇을 얻으려고 이토록 고통스러울까?"라는 질문을 던지고 답하는 습관을 익혀 보세요. 답이 보이면 목표를 찾을 수 있습니다.

목표는 모든 마음의 고통을 달래는, 뇌를 작동시키는 최초의 스위치입니다. 계획이나 전망 등 미래에 주목하면 아픔이 한결 줄어듭니다. 인간의 뇌는 그렇게 만들어져 있습니다.

열등감에서 달아나는 대신 열등감과 당당히 마주함으로써 마음의 지옥에서 벗어날 수 있습니다. 물론 도망치는 쪽이 훨씬 수월하겠지요. 그리고 답을 찾기까지 힘겨운 시간이 될 테지만, 부디 '마음 아플 용기'를 잃지 말아 주세요. 그러면 당신의 열등감은 고통이 아닌, 성공의 출발점이 될 수 있을 테니까요.

거절에
상처 받지 않는 법

부정과 대면하는 것이 출발점이다.

프로이트

'부정'이라고 하면 여러분은 어떤 부정이 먼저 떠오르나요?

자기긍정과 관계 깊은 '인격 부정'이라는 단어를 연상하는 사람도 있을 겁니다. 인격 부정이란 한 사람의 인생과 가치관을 부정하는 일입니다. 대부분 권력이나 권한을 등에 업어 더 유리한 위치에 있는 사람이 불리한 입장의 사람에게 자행합니다.

앞에서 언급한 '논리적 괴롭힘'도 인격 부정의 하나가 될 수 있습니다. 가해자는 상대방의 처지와 가치관도 모두 부정하기 때문에 피해자는 인격이 부정당하는 모멸감을 맛보게 됩니다.

논리적 괴롭힘을 포함한 모든 인격 부정은 인간이 또 다른 인간에게 가하는 최악의 처사입니다. 이런 부정은 현대 사회에서 허용하지 않지만 종종 자행되고 피해자가 되는 경우 자존감에 심각한 상처를 입고 맙니다.

일상생활에서 인격 부정보다 더 빈번하게 접하는 부정을 꼽는다면, 제안이나 아이디어를 부정당하는 일이겠지요. 물론 이런 부정을 당해도 마음에 상처를 입습니다. 제안이나 아이디어가 인격 자체는 아니지만 자신의 소중한 일부이기도 합니다. 이를 부정당했을 때 자존감에 나쁜 영향을 미치는 것은 어쩌면 당연한 일이겠지요.

부정이라는 말이 조금 꺼림칙하게 다가온다면 부정 대신 '거절'이나 '불합격'이라는 단어로 표현할 수 있을 것 같습니다. 예를 들면 구직 활동은 취업이나 이직을 희망하는 사람이 채용 공고를 보고 지원하는 형태로 시작됩니다. 귀사에서 근무하고 싶다는 지원자의 희망 사항이 거절되는 순간 불합격 알림이 도착하고, 해당 일터에서 일하려는 지원자의 가까운 미래가 부정당한다고 말할 수 있겠지요.

이렇게 거절당하는 일을 겪으면 구직자는 대부분 자신감은 물론, 자존감이 바닥으로 떨어집니다. 실제로 면접에서 떨어진 취업 준비생이 상담실을 찾기도 합니다. 요컨대 부정당하는 경험은 자기긍정에 심각한 상처를 남깁니다. 자존감이 곤두박질치면 기분도 침울해질 뿐 아니라 행동도 주춤하게 됩니다. 그렇다고 주춤주춤 행동하면 성공할 가능성이 더 낮아집니다. 그러니 부정에 직면하더라도 자존감을 지켜 내야 할 필요가 있습니다.

어떻게 하면 마음을 단단히 지킬 수 있을까요?

추천하고 싶지는 않지만, 앞서 소개한, 자칭 도덕가라고 떠벌리며 위선자가 되는 것도 자신감을 잃지 않는 하나의 방법입니다. 옳은 척, 잘난 척하는 마음과 태도를 실은 폭주 기관차에 자신의 자신감을 꽁꽁 묶어 두면 부정에 직면하더라도 전혀 상처를 입지 않겠지요.

기관차가 단단하고 튼튼할수록 모든 부정을 다 막아 줄 것입니다. 무슨 일을 당해도 전혀 흔들림 없는, 그야말로 최강의 자기긍정이라고 할 수 있습니다.

다만 이것은 단순히 부정을 부인하는 일에 그칩니다. 자신에게 반드시 필요한 부정도 인정하지 않고 방탄차처럼 튕겨 내는 것이지요. 다르게 표현하면 이는 타인과 제대로 소통을 하지 않는다는 뜻입니다. 소통은커녕 부인이라는 일그러진 행위로 주위 사람들을 짓밟아 버리기 때문에 누구와도 진실한 신뢰 관계를 맺지 못합니다.

결론적으로, 도덕가를 사칭하며 자신만 옳다고 밀어붙이는 왜곡된 방법은 자존감을 지키는 만능 키가 될 수 없습니다. 이 방법을 절대 추천할 수 없는 이유이기도 하고요. 마치 폭주 기관차에서 자신의 몸을 지킬 수 없듯이, 소통하지 못하는 자기긍정은 '주변 상황에 알맞게 대처한다'라는 마음과 뇌의 본래 기능을 상실한 상태입니다.

그렇다면 거절당해도 자존감을 지켜낼 수 있는 다른 방법은 없을까요?

이 질문의 답을 프로이트의 말에서 찾을 수 있습니다. '부정과의 대면'을 출발점으로 삼는 것이지요. 경우에 따라서는 인정하기 어려운 잔혹한 현실일 수도 있습니다. 하지만 대부분의 부정에는 그에 합당한 이유와 시사하는 바가 존재합니다.

본디 마음이라는 것은 환경에 세련되게 대응하기 위한 메커니즘입니다. 이와 같은 마음의 메커니즘을 기억하면 우리는 분명 더 나은 상황을 맞이할 수 있습니다.

이를테면 취업 활동에서 불합격 소식을 들었을 때, 부정과 동시에 '나에게 부족한 점이 있다' 또는 '나한테 맞는 일은 다른 데 있다'라는 현실과 마주하게 됩니다. 그 현실과 직면했을 때 부족한 점을 보완하거나, 적성에 맞는 다른 일을 찾아보는 출발점에 설 수 있겠지요.

부정과 대면하는 것은 또 다른 출발점을 손에 넣을 수 있는 기회로 통합니다. 만남을 살리느냐 죽이느냐, 더 나은 내일을 맞이하느냐, 맞이하지 못하느냐는 모두 마음가짐에 달려 있습니다.

물론 아주 중요한 예외 상황도 있습니다. 도덕가 행세를 하는 사기꾼에게 부정당하는 경험입니다. 이런 부정은 결코 긍정의 출발점이 될 수 없으니 애초에 이런 사기꾼은 만나지 않기를 진심으로 바랍니다.

나 자신의 마음을
들여다보지 않는다면

자신에게 솔직해지는 것이 훌륭한 마음공부다.

프로이트

뜬금없는 질문이지만, 당신은 자신에게 솔직한가요? 혹시 자신의 진심을 속이고 사는 것은 아닌가요?

'갑자기 왜 이런 질문을 하지?'라고 불편한 생각이 들 수도 있습니다. "그럼 제 자신한테 거짓말을 하고 있다고요?"라며 반문하는 사람도 있겠지요.

그런데 제가 이런 질문을 던지는 이유가 있습니다. 실은 저를 포함해 대부분이 자신에게 거짓말을 하면서 살아가고 있기 때문입니다.

반대로 표현하면 우리 인간은 자신에게 거짓말을 하지 않고

서는 이 세상을 살아갈 수 없습니다. 그 이유를 이번 장에서 자세히 알아봅시다.

우선 이 세상은 거짓말투성이입니다. 곳곳에 이중 규범^{double} standard이 존재합니다. 실제 교육 현장에서 목격한 이중 규범을 잠시 이야기하겠습니다.

초등학교 교실에 가 보면 "모두 사이좋게 지내자!"라는 급훈을 쉽게 찾을 수 있습니다. 선생님은 아이들에게 다 같이 친하게 지내라고 가르치고요.

그런데 정작 선생님들은 어떤가요? 슬프게도 선생님들은 '서로 사이좋게'를 반드시 실천하고 있지는 않습니다. 가끔 같은 학교 교사들 사이에서 자행된 집단 괴롭힘 때문에 피해 교사가 소송을 제기했다는 뉴스를 접하고는 하니까요. 이는 학교에서 이루어지는 부조리한 진실 가운데 빙산의 일각에 불과합니다.

저는 임상심리사로서 중학교, 고등학교에 근무한 적이 있습니다. 그때 심리 상담을 원하는 학생들뿐 아니라 교사들 사이의 다툼, 감정적인 갈등, 인간관계 문제 등으로 심각하게 고민하는 선생님들을 자주 접했습니다. 추측건대 일본 공립학교 교사들이 몇 년 주기로 학교를 옮기는 이유에는 어긋난 인간관계를 재설정하기 위함도 있을 것입니다.

결과적으로 '모두 사이좋게'라는 모토를 학생들이 지켜야 할 규율로 가르치지만, 정작 교사 자신들은 지키지 않는 이중 규범으로 여기고 있는 것이지요. 심하게 말하자면 아이들에게 "사이좋게 지내야"라는 거짓말을 주입하고 있는지도 모릅니다.

다만 저는 선생님을 비판할 생각도 비난할 자격도 전혀 없습니다. 바로 이것이 인간이기 때문입니다.

원래 인간은 포악하고 이웃을 공격하는 동물입니다. 하지만 아귀다툼은 공멸을 의미합니다. 그러니 공존을 위해 '모두 사이좋게'라는 규칙이 필요했습니다. 오랜 세월 동안 이 규칙은 우리 인간의 유전자에 새겨져 마침내 본능으로 자리 잡았습니다. 오늘날에는 협동심을 만들어 내는 뇌의 부위를 특정화함으로써 협동 유전자의 존재를 정설로 받아들이고 있습니다. 요컨대 우리는 태어나면서부터 협동성을 갖고 태어나기에 '사이좋게'는 이미 '인간다움'을 구성하는 특징 중 하나라고도 말할 수 있겠지요.

하지만 인간의 심리를 깊이 들여다보면 '사이좋게' 이외에도 다양한 마음이 존재합니다. 더군다나 인간의 마음을 지배했던 포악성이 깨끗이 사라진 것은 아닙니다. 마치 포장지를 두르듯 새로운 마음이 옛 마음을 돌돌 감싸안는 것이 바로 마음과 뇌가 진화한 방식입니다. 새롭게 협동심을 획득해서 협동하는 행동

을 보이더라도, 그 이면에는 마음에 들지 않는 이웃을 공격하려
는 본능이 항상 숨어 있다는 뜻이지요.

인간의 깊은 심리에는 수많은 욕구가 넘실대고 있습니다. 자
손을 남기려는 욕구, 자신의 안전을 우선시하는 이기적인 본능,
명예나 권력을 향한 집착…. 셀 수 없이 많은 본능이 존재하지
만 이러한 욕망은 현대 사회에서 그다지 존중받을 수 없는 것들
이 한가득입니다.

자기 자신에게 한없이 솔직하다 보면 원시 시대에 획득한 본
능의 존재를 자각할 수 있습니다. 그리고 "나는 그렇게 훌륭한
사람은 못 되는구나. 아니 훌륭한 사람은커녕 형편없는 인간이
구나!"라며 한없이 초라해지겠지요.

이때 당신의 자존감은 어떻게 될까요? '칭찬은커녕 손가락
질받아도 마땅한 나'라며, 자기 자신을 버거워하며 스스로에게
실망하는 사람도 분명 있겠지요.

하지만 이런 마음도 괜찮습니다. 이것 또한 바로 인간이니
까요.

프로이트가 말하는 마음공부란, 때로는 자기 내면에 칭찬받
지 못하는 존재를 있는 그대로 인정해 주고, 때로는 자신에게
거짓말을 해서라도 그 존재가 세상에 드러나지 않게 숨겨야만
하는 서글픈 인간의 숙명과 마주하는 일입니다. 인간이라는 존

재로 살아가면서 하루하루 마음공부에 임하는 당신은 프로이트의 관점에서 말한다면 이미 '칭찬받아 마땅한 존재'라는 점을 잊지 마세요.

습관적으로
자책하게 된다면

부족한 자신을 꾸짖기만 한다면
행복의 길에는 도달할 수 없다.

아들러

"난 왜 맨날 이럴까" 하며 자신을 나무랄 때 아들러의 위 문장을 떠올려 주세요.

우리는 실수를 저지르면 자책하게 됩니다. 이처럼 잦은 실수도 자존감을 떨어뜨리는 주범입니다. 그도 그럴 것이 잘못을 인지하는 것 자체가 자신에게 부족한 부분, 즉 자신의 단점을 인정해야 한다는 뜻이니까요.

예를 들면 중요한 회의에 지각했다, A사에 보내야 할 서류를 B사로 잘못 보냈다, SNS에 실수로 올린 사진을 보고 많은 사람이 비난을 퍼부었다 등등 다양한 상황에서 우리는 머리를 쥐어

뜯으며 자책합니다.

그런데 인간으로 살아가는 한 크고 작은 실수는 늘 저지르기 마련이지요. 개중에는 계속 반복되는 과오도 있습니다. 이럴 때는 "왜 또" 하며 자신을 더욱 꾸짖습니다. 요컨대 실수하면 자신을 비난하고 자신을 비난하면 자존감도 덩달아 낮아집니다.

실수를 확인하는 순간, 결점이 자신을 향해 마구 공격을 퍼붓는 유쾌하지 못한 상황을 경험하게 됩니다. 더욱이 과실로 이어지는 개인의 결점은 실질적인 손해를 동반합니다. 손해가 생기면 자신의 잘못을 마냥 못 본 척 외면할 수 없겠지요. 피할 수 없기 때문에 울며 겨자 먹기로 완전하지 못한 자신과 마주해야 합니다. 이 순간 양심과 상식이 있는 사람이라면 당연히 자신을 책망하게 되고요.

물론 기본 소양도 갖추지 못할 만큼 미성숙한 사람이나 도덕가인 척하는 위선자는 실수해도 자신을 꾸짖지 않습니다. 심각하게 미숙한 이들은 뭐든지 남 탓으로 돌립니다. "이번 일은 제 잘못이 아닙니다. ○○ 씨가 △△를 해서…"라면서 자신의 잘못을 직시하기는커녕 타인에게 책임을 전가합니다. 경우에 따라서는 다른 직원이 모함해서 그렇다며 자신을 피해자로 착각할 때도 있습니다.

위선자들은 자신의 실수를 '구조적인 문제'로 은근슬쩍 돌립니다. "애당초 그렇게 했어야 마땅한 사안인데, 그렇게 구비되어 있지 않았던 점이 문제였습니다. 제가 이 문제를 충분히 인지했을 때, 그때 대책을 강구했어야 하는데, 요즘 제 업무가 너무 바빠서…" 하며 꽁무니를 빼는 사람, 본 적 있지 않나요? 그들은 이기심과 억지 논리라는 이름의 폭주 기관차에 몸을 싣고 자신의 알량한 자존심을 지키려고 안간힘을 씁니다. 물론 이렇게 생떼를 부려 봤자 시간 낭비이지요.

책임을 묻는 입장에서도 위선자의 억지를 진지하게 상대해 주지 않습니다. 말 그대로 시간 낭비니까요. 결과적으로 언뜻 보기에는 위선자의 말도 안 되는 억지 논리가 통하는 것 같습니다. 이렇게 해서 위선자는 "난 역시 바른말만 해! 난 항상 옳아, 절대로 실수 따위 하지 않는다고!" 하며 자기합리화에 빠지게 됩니다.

요컨대 지나치게 미숙한 사람과 위선자는 실수하더라도 자존감에 전혀 상처를 입지 않는다는 공통점이 있습니다. 어떤 의미에서 그들은 마음이 편할지도 모릅니다. 자책하는 고통을 피할 수 있을 테니까요. 하지만 그들은 인간으로 성장할 기회를 얻지 못합니다. 남 탓 혹은 구조적인 문제 탓으로 돌리고 자신의 실수에서 아무것도 배우지 못하기 때문이지요. 부족한 자신과 마주해야 하는 고통을 외면할 수 있어서 그 순간은 좋을 수도 있지요. 그러나 더 넓게 더 멀리 본다면 아무도 그런 사람을 신뢰하지 않습니다. 사회에서 설 자리를 잃게 되겠지요.

비교는 바람직하지 못하지만, 부족한 자신을 나무라는 사람이 그렇지 않은 사람들보다 훨씬 더 훌륭합니다. 적어도 자신을 책망하는 고행에 도전했으니까요. 자신의 허물과 마주하고 자신을 꾸짖는 사람은 정말 대단하다고 생각합니다. 열등감과 대면하는 일처럼 자신의 잘못을 직시하면 분명 더 나은 행동을 전개할 수 있겠지요. 인간으로 성장할 수 있는 확실한 기회이기에 자책하는 자신을 있는 그대로 받아들여 주세요. 당당히 어깨를 펴고 칭찬해 주세요.

여기에서 기억해야 할 핵심은 단순히 책망에 그쳐서는 행복의 길에 영영 이르지 못한다는 점입니다. 자신을 채찍질하는 목적을 망각해서는 안 됩니다. 자책하는 목적은 '앞으로 실수하지 않기', '실수한 현시점에서 할 수 있는 일 발견하기' 입니다. 정리하자면, 앞으로 자신이 해야 할 일과 더 행복해지기 위한 행동을 모색한다는 두 가지 목적을 잊지 말고 자신을 혼내 주세요.

목적은 우리를 고통에서 구해 줍니다. '부족한 자신을 채찍질하는 목적'을 기억해 주세요.

가슴과 머리
어느 쪽을 따라야 할까

마음의 소리에 따른다,

다만 머릿속 생각도 떠올려 본다.

아들러

"마음의 소리에 따른다"라는 아들러의 말은 바로 앞에서 소개한 "부족한 자신을 꾸짖기만 한다면 행복의 길에는 도달할 수 없다"라는 말과 같이 기억해 두시면 그 의미가 더 또렷이 다가옵니다. 우선 아들러가 말하는 '마음'과 머릿속 생각, 즉 '뇌'를 자세히 살펴보지요.

아들러가 활동하던 시절에는 뇌 연구가 활발하지 못했습니다. 과학 기술이 발달하지 못했기 때문에 뇌는 그저 베일에 가려진 존재였습니다. 다만 사고로 뇌에 심각한 손상을 입은 환자를 치료하는 과정에서, 뇌를 다치면 성격이 바뀌거나 사고력이 저하되는 등 마음의 활동과 뇌가 깊은 관련을 맺고 있다는 사실은 이미 파악하고 있었습니다.

아들러가 살던 19세기에는 '뇌'라는 단어를 '합리적, 생산적으로 생각하는 마음 시스템'의 대명사로 사용했습니다. 따라서 아들러가 말한 머릿속 생각, 뇌도 같은 맥락에서 생각해 주세요.

뇌가 목적에 충실한 사고 시스템이라고 한다면 마음의 의미는 명백합니다. 바로 감정이지요.

감정은 사고 시스템보다 훨씬 오래전부터 획득한 '마음'입니다. 감정을 연구하는 심리학에서는 동기부여, 즉 모든 행동의 원동력과 감정을 같은 항목으로 다룰 때가 많습니다. 여기까지 읽고 감정의 실체를 이해한 사람도 있을 테지요. 그렇습니다. 감정이란 모든 행동의 원동력인 동기부여의 밑바탕을 말합니다.

요컨대 우리는 감정 없이 행동할 수 없습니다. 원숭이를 대상으로 한 연구에서 감정을 관장하는 뇌 부위인 편도체 일부를 떼어 내면 무기력해진다는 결과가 학계에 보고되기도 했습니다. 감정이 있으니 행동이 존재하는 것입니다.

그렇다면 아들러가 말한 "마음의 소리에 따른다"를 달리 표현하면 "감정에 따른다"가 되겠지요. 감정이 가리키는 바를 따라감으로써 우리는 망설임 없이 행동할 수 있습니다. 그러니 여러분의 감정이 원하는 바에 귀를 기울이고 감정의 바람을 들어 주세요.

제 주변에는 도시 생활을 접고 귀농하는 사람들이 적지 않습니다. 흔히들 귀농인이라고 부르는데, 그들 중에서 직장 생활 중 승진의 한계를 느끼고 사표를 던진 사례는 그리 많지 않습니다. 오히려 경영자나 중책을 맡은 임원 등 회사에서 존재감이 두드러지는 위치이지만 직장 생활을 접는 사람들이 다수입니다. 그렇다면 이들이 회사를 그만두고 농촌으로 향하는 이유는 무엇일까요? 바로 감정이 농사일을 원하기 때문입니다. 휘황찬란한 도시에서 화려한 직장 생활을 즐기는 것도 결코 나쁘지 않겠지요. 하지만 그들의 영혼이 농부가 되기를 바라기 때문에 도시를 떠나 농촌에 정착하려고 합니다.

당연한 이야기지만 농사일은 절대 호락호락하고 간단한 일이 아닙니다. 게다가 경영, 관공서 업무, 지역사회와 소통하기 등등 어디에 가더라도 번거로운 일은 있기 마련이지요. 좋아하는 일만 골라서 할 수 없습니다. 하지만 농작물의 수확 시기, 수확물을 상품화할 때, 사계절 만나는 땅, 태양, 산들바람, 그리고 농작물과의 만남 등등 그들이 갈망하는 것들이 바로 농촌 생활에 있습니다.

감정을 따라가며 인생을 바꾼 사람들은 바꾸기 이전보다 훨

썬 빛나 보입니다. '나다움'을 실감하면서 자신을 긍정하는 마음이 더 충만해진 덕분이겠지요.

그럼 다시 뇌 이야기로 돌아와서, 감정이 요구하는 무엇인가에 집중하면 자신에게 가장 어울리는 삶을 꾸려갈 수 있고, 감정에 충실함으로써 자존감도 덩달아 높아집니다.

다만 묻지도 따지지도 않고 함부로 감정만 좇아서는 안 되겠지요. 좋아한다는 이유만으로 반드시 좋아하는 일을 할 수 있는 것은 아닙니다. 합리적이면서도 생산적으로 생각하지 않으면 좋아하는 일을 하는 환경과 토대를 마련할 수 없을 테니까요. 그렇기에 아들러가 말한 머릿속 생각, 뇌가 중요합니다.

그렇다면 아들러는 왜 "먼저 뇌를 따르세요"라고 말하지 않았을까요? 이는 합리적이면서도 생산적으로 생각하는 두뇌 시스템이 간혹 감정을 죽이는 시스템으로 작동할 때도 있기 때문입니다. 감정을 죽이면 편도체를 상실한 원숭이처럼 인간도 무기력해집니다. 삶의 의미를 잃고 자존감이 바닥으로 떨어집니다. 그러니 마음을 따르는 것이 우선입니다.

뇌는 마음을 위해 사용해 주세요. 마음의 소리를 듣고 '나다움'을 만끽하는 즐거움을 누리세요.

우리 모두 마음에
어둠이 있다

자신이 아프다는 사실을 알고 있는 환자는
자신에게 무심한 사람보다 훨씬 매력적이다.

융

여기에서는 자신의 속마음과 진지하게 마주함으로써 참된 자기긍정에 이르기 위한 명언을 소개하겠습니다. 사회 통념적 시선으로 바라보면 "무슨 말이지?" 하고 고개를 갸웃거릴 만한 내용도 있을 것 같습니다. 하지만 자기긍정에 확실히 도움이 되는 방법이니 마지막까지 읽어 주세요.

만약에 "당신의 마음은 병들어 있나요?" 하고 누군가 묻는다면 뭐라고 대답하시려나요? "아뇨, 전혀요. 아프지 않아요" 하고 고개를 절레절레 흔들거나, "근데 병들어 있다는 건 어떤 의미죠?" 하고 되묻는 사람도 있겠지요. 똑같은 질문을 저에게 한다면 저 또한 '왜 갑작스레 이런 질문을 하는 거지?' 하며 잠시 생각에 잠길 것 같습니다.

마음이나 몸이나 "아프다, 병들어 있다"라고 말하면 아무래도 부정적인 단어를 먼저 떠올리게 됩니다. 특히 마음의 병이라고 하면 더욱 이미지가 좋지 않습니다. "네, 저는 마음이 아파요" 하고 스스럼없이 대답할 수 있는 사람은 많지 않을 테지요.

다만 융의 주장에 따르면 인간은 모두 병든 환자입니다. 그리고 융은 아프다는 것을 바람직하지 못한 상태라고 단정하지 않습니다. 오히려 아픔이야말로 인간다움의 하나, 달리 표현하면 마음의 상처가 있는 사람도, 마음이 아픈 환자도 모두 아름답다고 힘주어 말합니다.

실제로 저도 융 학파가 주축이 된 카운슬링을 공부한 적이 있는데, 그 세미나에서는 "좋은 의미에서 아프시네요!"라는 말이 칭찬으로 통했습니다. 처음에는 그 말을 듣고 깜짝 놀랐지만 융의 사상을 이해한 뒤부터는 아픔의 참뜻을 알 수 있었습니다.

그렇다면 왜 융은 아픔이 아름답다고 했을까요?

'마음의 병', 말하자면 '마음의 어둠'은 누구나 갖고 있습니다. 예컨대 누군가 당신을 의도적으로 따돌린다면 당신의 마음에는 어두운 먹구름이 드리워지겠지요. 괴롭힘의 정도가 극에

달하면 '차라리 죽어 버릴까', '이 세상에서 사라졌으면' 하고 부정적인 생각에 젖을 가능성도 있습니다.

의도적으로 따돌림을 당하는 것 이외에도 원치 않는 비밀이 공개되거나 사기당하거나 배신당하거나…. 이런 나쁜 상황에 맞닥뜨리면 타인에게 악의를 품겠지요. 하지만 타인을 향한 나쁜 마음은 차마 겉으로 내뱉지 않습니다. 분노, 원한, 저주, 시기 등의 감정은 대체로 남들에게 환영받지 못하기 때문입니다. 또한 말하는 이의 평판을 떨어뜨리기 때문에 상식 있는 사회인으로서 입에 담지 않는 사람도 많습니다.

이 밖에 자신을 향한 실망감, 미래를 둘러싼 불안이나 절망감도 타인에게 선뜻 말하기가 조심스럽습니다. 이런 어두운 말을 들으면 좋아할 사람은 없을 테니까요.

남에게 말하지 못하는 감정들이 늘어나면 주위와 점점 멀어지면서 고립감과 고독감이 짙어집니다. 인간은 사회적인 존재이기에 이런 상황은 크나큰 고통으로 다가옵니다. 분노, 불안, 절망감 모두 그 자체만으로도 고통스러운 감정인데 거기에 고립과 고독감이라는 아픔까지 눈덩이처럼 불어나는 것이지요.

온갖 어두컴컴한 감정들이 뒤섞인 마음의 먹구름은 마음 깊은 곳에 똬리를 틉니다. 우리는 사회 통념을 완전히 무시하고 살 수 없기 때문에 밝음을 강조하는 세상을 따라가다 보면 마음의 어둠은 못 본 척 고개를 돌립니다. 그리고 마음의 어둠이 전혀 없는 것처럼 자신에게조차 "난 괜찮아. 난 마음이 아프지 않아" 하고 거짓말을 하게 되고요.

자신을 속이다 보면 자존감이 굉장히 불안정해집니다. 더군다나 외면한다고 해서 마음의 어둠이 사라지는 것은 아닙니다. 이처럼 회피 상태가 이어지면 내면에서는 어떤 일이 일어날까요?

수면 아래에 있던 어둠이 아주 사소한 계기로 자극을 받으면 수면 위로 올라와 개인의 의식을 지배합니다. 게다가 그 순간 느끼지 않아도 되는 고독감이나 분노, 증오 등이 한꺼번에 떠올라 우리를 구렁텅이에 빠트립니다.

때로는 억눌린 감정이 주위 사람에게 날것으로 표출되는 바람에 크고 작은 분란을 일으킬 수도 있습니다. 사회 통념이나 분위기를 읽지 못한다고 손가락질당할지도 모르고요. 결과적으로 이런 상황에서는 자신을 있는 그대로 바라보고 좋아할 수 없겠지요.

융의 말에 따르면 마음의 어둠과 아픔을 모두 아우르는 것이 인간이며, 아픔을 포함한 그 모든 감정이 그 사람의 아름다움입니다. 자신의 어둠과 아픔을 보듬어 주세요.

마음의 어둠을 치유하기는 쉽지 않을지도 모릅니다. 사회인으로서의 상식이 부족하다고 핀잔을 들을 수도 있겠지요. 하지만 당신이 인정해 주지 않으면 당신 마음속의 아픈 곳은 누가 알아 줄까요. 너무 가엾지 않나요?

적어도 융은 당신의 어둠과 아픔을 인정해 줍니다. 부디 내면의 그림자를 헤아려 주시길 바랍니다.

사회 생활이
잘 안 맞는 것 같아요

인격 형성이란 삶을 오롯이 긍정하는,

가장 용기가 필요한 일이다.

이는 평생 이루어야 할 과업이기도 하다.

융

이 문장은 바로 앞에 나온 융의 주장과 같이 기억해 두세요. 앞서 융은 "마음의 어둠과 마음의 아픔 모두 아름답다. 그리고 그 어둠과 아픔을 있는 그대로 인정해 주어야 한다"라고 말했습니다.

실제로 우리는 크고 작은 마음의 상처를 감추고 살아갑니다. 어두운 마음이 사회도덕이나 상식에 부합하지 않을지도 모르지만, 어둠도 엄연히 인간의 한 부분을 차지하고 있습니다. 자신의 일부를 부정한다는 것은 진정한 의미에서 자기긍정을 할 수 없다는 뜻입니다. 따라서 삶을 긍정하기 위해서는 저마다의 아픈 마음과 마주하며 그 상처를 보듬어 주는 일이 반드시 필요합니다.

다만 문제가 하나 있습니다. 사회에서 통하는 상식이나 정도正道에 집착하면 마음의 아픔을 온전히 받아들일 수 없다는 점이지요. 그렇기에 자신을 믿고 긍정하는 마음을 얻기 위해서 때로는 상식과 다소 거리를 둘 필요가 있습니다.

이는 말이 쉽지, 굉장히 실천하기 어렵습니다. 우리는 사회라는 무대에서 살아가고, 사회도덕은 사회를 유지하기 위한 마지막 보루와도 같기 때문입니다. 그 보루가 우리를 지켜 주기도 합니다. 그럼에도 보호막에서 스스로 벗어난다는 것은 사회에서 따돌림당할 리스크, 달리 표현하면 배제될 위험을 고스란히 떠안는다는 뜻이기도 합니다.

애당초 그 리스크를 두려워한 나머지 우리는 사회가 허용하지 않는 부정적인 생각을 마음속 '어둠'에 고이 묻어 두었습니다. 그만큼 사회 통념이 지닌 무게가 무겁다는 의미겠지요. 그런 의미에서, 통념이나 상식을 거스르면서까지 마음에 깊이 밀봉해 둔 어둠을 다시 꺼내 밖으로 드러낼 수 있을까요?

융의 입을 빌리자면 이렇게 대답할 수 있겠지요.

"그렇기에 엄청난 용기와 각오가 필요합니다!"

'때로는 사회적 통념과 맞서 싸울 각오'라고 하면 더 무겁게 들릴까요?

사회 통념의 무거운 짐을 내려놓기 위해 '(사회 다수가 생각하는) 상식은 악', '상식에 박해받고 있는 나는 선'이라는 가치관을 만들어 내는 사람도 있습니다. 이분법적인 가치관에 빠지면 '나는' 선이 될 수 있을지언정 사회를 지탱하는 모든 양식과 상식을 온통 적으로 만들어 버립니다.

이는 너무 극단적인 생각으로, 자신을 궁지에 빠트릴 가능성도 있습니다. 분명 사회도덕의 보호를 받는 자신까지 부정해 버리면 불필요한 불안감에 휩싸여 오히려 자존감이 쪼그라들 수 있습니다.

그렇다면 현명하게 자존감을 되찾기 위해서는 어떻게 해야 할까요? 여기에서 관점을 바꿔서 생각해 보지요. "상황에 따라서는 사회 양식이나 사회 통념을 너무 무겁게 받아들이지 않아도 괜찮지 않을까?"라고 융통성을 발휘해 봅시다. 적어도 현대 사회에서는 조금 가볍게 생각해도 크게 문제가 되지 않습니다.

이와 관련해 자세히 살펴보면 분노, 증오, 노여움이나 질투와 같은, 어둠에 묻고 싶은 감정과 우리를 옭아매는 양식은 모두 진화 과정에서 인간이 획득한 '어떤' 뇌의 활동에서 비롯되었습니다. 그 어떤 뇌란 주위 분위기에 민감하게 반응하는 일명 '원숭이 뇌'이지요. 원숭이 뇌란 우리 조상이 유인원 시절에 획득했다고 일컬어지는 사회성의 뇌를 뜻합니다. 당시 인류의 조상은 거대한 사회를 일구었습니다. 초기 인류의 생존 경쟁 속에서 대규모 조직을 하나로 응집시키는 가치관의 공유, 말하자면 오늘날 양식의 공유는 생존하는 힘이 됩니다. 조직 규모에서도 경쟁자를 압도할 수 있을 뿐 아니라, 조직 운용 측면에서도 상부상조할 수 있기 때문이지요.

다만 사회성의 뇌는 조직 내에서 더 유리한 지위를 갈망하는 욕구도 인간에게 부여했습니다. 그도 그럴 것이 조직 외부에 경쟁자가 없는 상황에서는 조직 내부의 동료가 경쟁자로 등장해 더 높은 자리를 놓고 싸우기 때문이지요. 조직 내부에서 다툼이 심해지면 그 조직은 와해되고 맙니다. 따라서 사회도덕은 개인의 사회적 지위를 독점하려는 심리를 용납하지 않습니다.

이제 사회 통념의 실체를 아시겠지요? 통념이란 절대적인 존재가 아니라 사회를 유지할 요량으로 만들어 낸 규칙에 불과합니다. 그런 의미에서 때때로 사회도덕에 매장당한 개인의 심리를 보살펴 주고 보듬어 주는 융통성이 중요하겠지요.

물론 이를 실천하려면 대단한 용기가 필요합니다. 마음의 어둠이라는 서랍에 숨겨 둔 감정들과 마주하는 일은 가슴 아린 고통을 동반할 테니까요. 하지만 가끔은 통념에 가려져 있던 자신의 감정을 있는 그대로 인정해 주는 일도 의미 있다고 생각합니다.

적어도 융은 당신의 용기 있는 시도에 뜨거운 박수를 보내며
응원해 줄 것입니다.

마음의 상처를
받아들이지 않는다면

진실한 사람은 타인을 괴롭히지 않는다.

융

마음의 아픔과 어둠을 긍정하는 일과 관련해 다각도로 살펴보았습니다. "난 마음이 아프지 않은데요!"라고 말하는 사람에게는 지루할 수도 있는 내용이었겠지요. 하지만 마음의 상처가 당장은 없더라도 이다음에 마음이 불편할 때 다시 읽어 주면 좋겠습니다. 크고 작은 마음의 먹구름은 누구에게나 찾아오는 법이니까요.

지금은 마음의 여유가 없거나 아직은 준비가 되지 않았다면 슬쩍 다음 페이지로 넘겨도 좋습니다. 언젠가 마음의 어둠과 마주할 준비가 되었을 때 다시 책을 펼치면 될 테니까요.

융은 어둠과의 만남을 결코 강요하지 않습니다. 마음의 먹구름을 무시하는 일도 부정하지 않습니다. "당신의 일부분인 마음의 어둠까지 긍정할 수 있다면 진정한 자기긍정에 이를 수 있답니다!"라고 친절하게 제안할 따름입니다. 융의 이런 제안을 어떻게 활용할 것이냐는 당신의 마음에 달려 있고요.

심리학 연구에서 밝혀진 사실 가운데 자기 평가(사회인으로서의 자기 가치의 평가)가 낮아도 자기 수용(자존감)이 높은 사람은 심리적인 건전성 수치가 높다는 주장이 있습니다. 이는 융이 말하는 내용과 일치하는 연구 결과입니다.

만약 당신이 건전한 자존감을 갖추고 '나답게' 삶을 영위하고 싶다면, 마음의 어둠과 마주하고 이를 긍정하는 과정은 반드시 필요하고 가치 있는 일임이 분명합니다.

융은 마음의 아픔과 마음의 어둠을 모두 인간다운 감정으로 받아들이지만, 융이 보기에 불건전한 사람들, 아름답지 않은 사람들도 있었습니다. 바로 융의 명언에 나오는 '타인을 괴롭히는 사람'입니다.

뒤집어 말하면 남을 괴롭히지 않는 사람은 진실하고 아름답습니다. 스스로 마음의 병을 앓고 있는 환자가 아닌지 걱정할 필요는 없습니다. 마음의 상처를 부끄럽게 생각할 필요도 없습니다. 그저 남을 괴롭히는 악인은 아닌지, 이 질문에만 신경 쓰면 우리는 아름다운 사람이 될 수 있습니다.

물론 자신도 모르게 타인에게 상처를 주고 타인을 괴롭힐 때도 있겠지요. 우리는 언제 타인에게 상처를 줄까요? 모든 사례를 언급할 수는 없겠지만 여기에서는 크게 세 가지 유형으로 나누어 알아보겠습니다.

먼저, 앞에서도 거듭 이야기했듯이 자기만 옳다고 주장할 때입니다. 자신을 도덕가라고 확신함으로써 결과적으로 남을 비난하게 되는 상황이 바람직하지 못하다는 점은 누누이 강조했습니다. 실제로 자신이 도덕적이라고 자부하는 사람 중에 자신의 상처를 부정하고 싶어 하는 이들이 많은 것 같습니다.

두 번째는 앞서 잠시 이야기했지만, 자신도 모르는 사이에 어두운 마음이 의식을 지배하는 상황입니다. 사회 통념이라는 가면은 벗었지만 지독한 고독감과 분노, 증오에 빠져서 고통을 받게 됩니다. 이런 와중에 억눌린 감정이 주위에 날것으로 노출되면서 가까운 사람에게 상처를 주게 됩니다. 이 감정들은 주변과 부딪치면서 지인을 아프게 해야 하는 감정이 아니라, 자신이 떠받들었던 사회 통념이나 자신에게 다른 사고 방식을 강요하며 고통을 준 누군가에게 뱉어 내야 할 감정입니다. 하지만 감정은 제멋대로라서 가까이 있는 사람에게 어두운 감정을 토해

냅니다. "종로에서 뺨 맞고 한강에서 눈 흘긴다"라는 속담처럼 말이지요.

세 번째 유형은 몹시 괴롭지만 마음의 아픔을 억지로 봉인해서 묻어 두려고 할 때입니다. 스티븐 스필버그^{Steven Spielberg} 감독의 〈에이아이〉라는 영화를 아시나요?

극 중 부부는 불치병에 걸려 냉동 상태가 된 아들을 대신해 감정을 지닌 최초의 인공지능^{Artificial Intelligence, A.I.} 로봇 소년을 입양합니다. 부부는 로봇 소년을 통해 잠시나마 슬픔을 잊고 단란한 가정을 꾸리지만, 아들이 기적처럼 되살아나면서 정작 아들로 만들어진 로봇 소년은 버려지고, 이후 로봇 소년이 엄마를 찾아 떠나는 묵직한 드라마가 펼쳐집니다.

분노, 슬픔, 그리고 고독감. 이런 마음의 상처를 보이지 않게 애써 숨기려고 하면 그 과정에 휘말린 누군가를 불행에 빠트릴 수 있습니다.

세 가지 유형 모두, 마음의 어둠을 인정하면 피해 갈 수 있습니다. 자신의 의식이 어두운 감정의 지배를 받고 있다는 사실을 스스로 인지하는 일이 가능하기 때문이지요.

그러니 지금 당장은 어두운 마음과 마주할 용기가 없더라도 마음의 상처 자체는 인정해 보면 어떨까요. 온전히 받아들이기만 해도 타인에게 고통을 주는 잘못은 저지르지 않겠지요. 요컨대 '아름다운 사람'이 될 수 있습니다.

　마음의 어둠을 자각하는 것만으로는 마음이 치유되지 않습니다. 하지만 상처가 있다는 사실을 스스로 인정한다면 자존감을 유지할 수 있지요. 오히려 남을 괴롭히지 않는 진실한 사람이 될 수 있습니다. 더욱이 진실함은 당신이 평생 이루어야 할 과업, '오롯이 자신을 긍정하기'를 달성할 수 있도록 이끌어 줍니다.

자기긍정과 관련된 문장들, 어떻게 읽으셨나요?

개중에는 묵직한 내용도 있었을 테지요. 3장 첫머리에서도 소개했듯이 자기긍정은 감정입니다. 감정이기에 무거운 것도 있기 마련이지요. 다루기 까다로운 것도 있고요.

하지만 감정을 능숙하게 다룰 때 자신을 향한 긍정적인 마음을 얻을 수 있습니다.

3장을 마무리하며 앞에서 언급한 명언의 현대적인 해석을 차례대로 정리해 보겠습니다. 자기긍정을 위한 마음가짐, 자기긍정을 위해 습관으로 익혀야 할 것들, 자기긍정을 위해 명심해야 할 것들, 세 가지로 나누어서 간추렸습니다.

자기긍정을 위한 마음가짐

- 열등감과 마주하는 용기, 자신을 재검토하는 용기를 칭찬해 주자

- 호의를 베풀지 않는다고 해서 상대방이 '나'를 싫어하는 것은 아니다

- 마음의 상처가 있는 사람도 마음이 아픈 환자도 모두 아름답다

- 마음의 어둠은 대체로 사회도덕을 거스르는 감정이지만, 애초에 도덕도 상대적인 것으로 의심해야 마땅한 사회 통념에 지나지 않는다

자기긍정을 위해 습관으로 익혀야 할 것들

• 열등감은 자신감을 높이는 훌륭한 기회

• 상처 받았을 때는 '나만의 서사'를 다시 확인하자

• 배신자 때문에 치명적인 피해를 입었다면 전문가의 도움이 필요하다

• 열등감이라는 감정이 알려 주는 정보를 정확히 파악하고 이용하기

• 부정당했다면 부정의 이유와 그 이유가 시사하는 바를 깊이 생각하기

• 내면에 '칭찬받지 못하는 존재'가 있음을 깨닫고 그 존재를 인정하기

• 행복해지겠다는 목적을 갖추고 자신을 채찍질하기

• '어떤 인생을 살 것인가?' 마음에게 물어보고, 그 대답에 따르기

• 마음의 아픔을 인정함으로써 남을 괴롭히지 않는 아름다운 사람이 될 수
  있다는 사실을 알기

자기긍정을 위해 명심해야 할 것들

• 자칭 도덕가는 위선자이자 비겁한 사람이니 도덕가가 공격해도 무시하기

• 단지 칭찬해 주지 않는다고, 상대방이 '나'를 미워한다고 단정 짓지 말기

• 열등감을 피하려고만 하면 열등감의 굴레에서 영원히 고통받게 된다

• 열등감에서 도망치지 말기

• 부정당했다고 마냥 손 놓고 있다면 아무것도 달라지지 않는다

• '모두 사이좋게'는 공존을 위한 규칙으로 그 규칙을 지키는 '나'도 있지만,

지키지 않으려는 '나'도 분명 있다

- 피해망상이나 이기심에 사로잡혀 알량한 자존심을 고집하지 말기
- 합리적이면서도 생산적인 두뇌 시스템에 인생의 모든 것을 맡기지 않기
- 마음의 어둠을 외면하면 인간적인 매력을 상실한다
- 사회 통념에 지나치게 얽매이지 않기
- 어두운 마음을 부정하다 보면 자신도 모르는 사이에 타인에게 상처를 줄 수 있다

이 모든 것을 한꺼번에 실천하기란 불가능한 일이겠지요. 게다가 자존감은 마법처럼 하루아침에 높아지지도 않습니다. 마음은 주변 상황에 반응하기 위해 생겨난 것이기 때문에 자신이 원하는 인생과 환경을 행동으로 조금씩 만들어 가는 것이 중요합니다. 혹시라도 그 과정에서 당신의 자존감에 상처를 입었을 때 3장을 펼쳐 주세요.

건전한 생각과 진실한 행동을 되풀이하다 보면 행복한 삶과 환경을 꾸릴 수 있을 거예요. 그리고 자신을 향한 믿음도 더 단단해지리라 확신합니다.

4장.

인간관계가
미로처럼
느껴지기만
한다면

이번 장의 주제는 인간관계입니다. 역시 인간관계는 피하려야 피할 수 없는 이야기 같습니다. 마음을 뒤흔드는 방황의 시작과 끝이 인간관계라고 생각하는 분도 계실 테지요.

많은 사람이 모이는 장소이자 처지나 이해관계가 첨예하게 부딪치는 현장이라고 할 수 있는 직장의 경우, 인간관계 문제가 필연적으로 발생하기 마련입니다. 최근 직장 스트레스 요인 실태 조사에서도 인간관계가 1위를 차지했습니다. 해마다 구체적인 수치에는 조금씩 변동이 있을 테지만 인간관계에서 비롯된 갈등이 직장인들을 괴롭히는 요소 중에 가장 으뜸으로 꼽히고 있다는 사실은 확실해 보입니다.

본래 일터는 사업 목적에 따라 생산성을 추구하는 장소입니다. 하지만 현실은 생산성 추구의 장이라기보다 이해관계와 감정이 맞부딪히고 자리다툼이 치열한, 온갖 군상들이 아귀다툼하는 현장인 것 같습니다. 어떤 의미에서는 저마다의 입장이나 이해관계를 둘러싼 전쟁터라고도 말할 수 있겠지요.

저는 기업체 인사 담당자들을 지원하는 상담 업무도 종종 맡고 있는데, 인사 담당자들은 시시각각 발생하는 사건이나 문제 때문에 하루하루 골머리를 앓고 있습니다. 제가 접한 실태를 한 마디로 표현하면 "상상도 할 수 없는 기상천외한 일들이 사내에서 쏟아지고 있다!"라고 말할 수 있습니다. 인사 담당자 중에서는 직장 내 갈등과 관련해 상식이 통하지 않는다고 표현하는 사람도 있었습니다. 자신의 상식으로는 도저히 이해가 가지 않는다고 말하는 사람이 있는가 하면, 온갖 상식이 뒤섞여서 대처하기 어렵다고 비명을 지르는 사람도 있고요.

사람은 사람을 통해 치유 받는 동물인 동시에 사람 때문에 고통받는 동물이기도 하다는 진실을 직접 체험하는 자리가 직장 내 인간관계입니다.

그럼 4장에서는 가정과 직장 구분 없이 "넌더리가 난다", "얽히고설킨 관계가 너무 어렵다"라며 고민하는 인간관계를 쉽게 이해하고 심플하게 대처하는 데 도움이 되는 명언들을 소개해 보겠습니다.

먼저 핵심을 정리해 보면 다음 여섯 가지로 간추릴 수 있습니다.

고독은 멋진 감정이다

인간관계로 인생이 달라진다

나는 내가 지켜야 한다

인간은 대립하는 존재다

이 세상은 천국이 아니지만 지옥도 아니다

타인을 향한 믿음과 신뢰가 도움이 된다

이렇게 정리하니 앞서 다룬 내용보다 더 복잡해 보이네요.
그도 그럴 것이 원래 인간관계란 까칠하고 어려운 것이니까요.
그러므로 어려운 일은 어려운 대로 받아들여야겠지요. 다만 복
잡한 문제인 만큼 더더욱 단순한 힌트가 필요할 수 있겠습니다.

1장에서도 언급했듯이 모든 사람에게 적용할 수 있는 인생
의 처방전은 없습니다. 인간관계라는 강을 건너는 방법, 헤엄치
는 방법도 마찬가지입니다. 안일한 방법론으로는 행복한 인간
관계를 오래오래 맺기 어렵습니다.

같은 맥락에서 겉으로만 그럴싸하게 보이는 방법론을 소개
하고 싶지는 않습니다. 얄팍한 노하우보다는 실제 도움이 될 만

한 인간관계를 구축하는 방법, 전쟁터에서 살아남는 방법, 더
자세히 말하면 '인간관계 속에서 행복해지는 방법'을 찾아내는
마음가짐을 제안하려고 합니다.

그럼 심리학 거장들이 전하는 명언의 세계로 떠나 볼까요.

고독이
두려울 때

혹시 요즘 인간관계 때문에 많이 힘든가요?

뜬금없는 질문에 더 엉뚱한 대답일지도 모르지만, 우리는 '인간'입니다. 우리의 조상은 진화 과정에서 서로 모여 생활하는 방식을 선택했습니다. 그리고 모두 같은 목적을 갖고 행동할 수 있는 조직을 만들기 시작했지요.

더욱이 조직의 집합체로 사회를 만들었습니다. 어느새 우리는 조직이나 사회의 보호막에 의존하며 살게 되었습니다. 우리 자신도 조직이나 사회에 합당한 사람이 될 수 있게 진화해 왔고요. 그러는 동안 우리는 혼자 살아갈 수 없는 생물이 되었습니다. 살아가기 위해 다른 '사람'이 필요했지요.

지금 우리는 사회라는 테두리 안에서 생활하는 생물입니다. 요컨대 우리를 표현하는 '인간人間'이라는 단어는 사회를 구성하는 '사람人'과 '사람人' '사이間'에 존재하는 생물이라는 뜻입니다.

사회는 우리를 지켜 주고 있습니다. 자신을 둘러싼 인간관계도 어떤 의미에서는 자기를 지켜 주는 '자산'입니다.

반면에 사회는 우리에게 모든 것을 사회 기준에 맞추라고 강요합니다. 가까운 인간관계도 마찬가지이지요. 모두 자신에게 맞추라고 아우성입니다. 다행히 우리의 뇌에는 사회와 인간관계에 따르려는 시스템이 장착되어 있습니다. 어쩌면 필사적으로 맞추려고 발버둥 치고 있을지도 모르죠. 사회나 인간관계의 보호를 받지 못하면 우리는 단 하루도 살아갈 수 없을 테니까요.

그런데 사회의 보살핌을 받기 위해서는 저마다 자신의 역할이나 자리가 필요합니다. 자신의 설 자리를 얻기 위해서, 그리고 그 자리를 지키기 위해서 항상 신경을 곤두세우고 있는 사람들도 많고요. 그러니 우리의 삶은 피곤할 수밖에 없겠지요.

물론 사회와 인간관계 모두 우리를 지켜 주는 중요한 자산이기에 소중히 여겨야만 합니다. 피곤하다고 나 몰라라 해서는 안 되겠지요.

하지만 우리 안에는 사회와 인간관계의 보호를 필요로 하지 않는 부분도 엄연히 존재합니다. 모여 살기 이전에는 우리 조상들도 각자 자유롭게 흩어져 살았습니다. 그때 그 시절 조상들의 뇌가 현대를 살아가는 우리에게 면면히 전해져 내려오고 있습니다. 초기 인류의 마음이 현대인의 마음속에도 살아 숨 쉬고 있는 셈이지요.

우리에게는 자유의지가 있습니다. 그리고 이 자유의지가 반드시 사회나 조직, 인간관계의 잣대와 일치하는 것은 아닙니다. 사회나 조직, 인간관계 속에서 우리의 자유의지를 죽여야 할 때도 있습니다.

사랑하는 사람이 당신에게 자신의 일상을 아무렇지도 않게 이야기한다고 가정해 봅시다. 당신의 가치관과 연인의 가치관이 매번 일치하지는 않습니다. 이야기를 듣고 있는 동안 당신은 '왜 그렇게 생각하지?' 하고 의문을 품을 수도 있겠지요.

하지만 불편한 내색을 하면 연인의 표정은 곧바로 어두워질 테지요. 당신에게 불평불만을 털어놓을 수도 있고, 그러면 서로의 마음도 편하지는 않겠지요. 이런저런 불편한 상황을 피하기 위해 당신은 자신의 자유의지를 봉인하고, 연인의 이야기에 아무렇지도 않다는 듯 귀를 기울이게 됩니다.

부모나 직장 상사와의 관계에서도 이런 일은 비일비재합니다. 이와 같은 상황에 부닥뜨리면 누구나 불편하기 마련이지요.

그렇기에 때로 고독이라는 감정은 우리의 피로를 덜고 우리를 치유하는 멋진 감정입니다. 자신의 자유의지를 해치는 누군가가 없는 시간과 공간은 타인에게 맞추느라 피폐해진 마음과 뇌에 최고의 피로회복제가 되어 줍니다.

인간은 사람과 사람 사이에서 살아가야 하는 존재이기에 고립된 시간을 스스로 선택할 용기가 필요하지 않을까요. 물론 인간이기에 평생 고립된 존재로 살 수는 없을 테지만, 그래도 혼자만의 시간을 소중히 여겨 주세요. 그리고 자신의 존재를 소중히 생각해 주세요. 아울러 온전히 자신으로 있는 치유의 시간을 자주 마련해 주세요.

타인을 믿지 못해서
괴로울 때

인간은 서로를 모르기 때문에
서로를 믿을 수밖에 없다.
아들러

'저 사람을 믿어야 하나, 말아야 하나?'

혹시 이런 고민을 한 적 없나요? 실은 저도 이런 자문자답을
할 때가 종종 있습니다. 아니, 매일 질문하고 있는 것 같네요.

신뢰에 대해 고민하기 시작하면 머리가 지끈지끈 아파 옵니
다. 특히 믿음과 불신 사이에서 헤매다 보면 머릿속 생각이 꼬
리에 꼬리를 물며 끝나지 않습니다.

왜 우리는 남을 믿어야 하는지, 믿지 말아야 하는지 고민할까
요? 애초에 사람을 제대로 믿지 못하는 이유는 무엇일까요? 이
물음의 답을 좇으면 '인간은 서로가 서로를 전혀 모르는 존재'라

는 명제에 직면합니다. 남을 잘 모르니까 믿을 수 없겠지요.

이쯤 되면 "뭐지? 지금 아들러와 반대되는 이야기를 하고 있는 거 아냐?" 하고 고개를 갸우뚱할지도 모릅니다. 맞습니다. 인간은 모르는 존재이기 때문에 타인을 온전히 믿지 않는다는 것도 뇌과학에서 증명된 진실입니다.

다만 이 진실을 곱씹지 않으면 아들러가 한 말의 참뜻을 이해하기 어려울 테지요. 인간관계는 참으로 성가시고 까다롭습니다. 그래서 아들러의 말을 토대로 '인간관계의 핵심'을 먼저 정리해 보겠습니다. 복잡한 이야기가 나올 수도 있지만, 주의 깊게 읽어 주세요.

우선 '아무래도 저 사람을 믿지 못하겠어!'라는 고민을 살펴보면, 이렇게 불신하고 의심하는 것도 근거 없는 행동은 아닙니다. 실제로 배신을 당하는 일은 살면서 종종 경험하니까요.

상대적으로 가벼운 배신으로는 험담을 떠올릴 수 있습니다. 물론 입방아에 오른 주인공은 절대 가볍게 들을 수 없겠지만, 빈도만 보면 종종 가볍게 일어나는 일에 지나지 않습니다. 아마도 험담을 내뱉는 사람은 정말 '가볍게' 말하는 것일지도 모르죠. 당연히 험담을 하는 것도 듣는 것도 싫어하는 사람이 많을 테지만, 남 이야기를 즐겨 하고 또 즐겨 듣는 사람도 확실히 있습니다.

더욱이 악담을 늘어놓다가도 정작 주인공이 나타나면 언제 욕을 했냐는 듯이 환하게 웃어 보이는 경우가 허다합니다. 험담이라는 배신행위가 아주 가볍게 이루어지고 있는 셈이지요.

배신 이야기로 다시 돌아오면, 험담보다 더 무거운 배신행위도 많습니다. 치명적인 피해를 입히는 배신이 있는가 하면, 실질적으로 피해를 입히지 않는 실수에 가까운 배신도 있습니다. 여하튼 배신이 넘쳐나는 세상입니다.

이렇게 말하는 저만 깨닫지 못할 뿐, 지금 이 순간 누군가 제 뒤통수를 때리고 있을 수도 있습니다. 만약 사실을 알게 되면 제 마음이 폭발하겠지요.

우리 인간은 사회적인 존재로서 타인에게 민감하게 반응하는 뇌를 습득했습니다. 그만큼 배신행위를 감지하면 마음의 상처를 크게 입습니다. 그 상처가 너무 커서 삶을 포기하고 싶은 생각이 들 가능성도 있습니다. 왜 세상에는 이토록 배신이 넘쳐날까요?

인간의 마음이 생겨나기 시작했을 무렵, 우리 조상들은 사회를 이루지 않고 저마다 제멋대로 살아가고 있었지요. 그때 그 시절의 뇌는 우리의 깊은 심리에 자리를 잡고 지금도 엄연히 활동하고 있습니다.

요컨대 인간의 무의식에는 자기중심적이면서도 멋대로 행동하는 마음이 숨어 있습니다. 따라서 유형, 무형으로 '멋대로' 하라는 속마음이 고개를 불쑥 내밀 때가 생깁니다.

얼핏 서로 도움을 주고 협동하는 것처럼 보여도 진짜 속내는 자기만 아는 이기적인 동물이 바로 인간입니다. 이 문제가 옳든 그르든 관계없이 이것이 인간이라는 존재의 진실입니다.

이를테면 인간이라면 누구나 자신의 입장이나 재산, 가족들이 위기에 처하면 평소 사이좋게 지내던 이웃을 하루아침에 저버리고서라도 '자기의 것'을 지키려고 합니다. 이것이 인지상정입니다.

결과적으로 사람과 사람이 관계를 맺고 있다 보면 불편함이나 불쾌감을 자연스레 느끼기 마련입니다. 배신행위를 전적으로 배제하기도 어렵고요. 인간은 많든 적든 타인에게 불쾌감을 주고 서로 배신하면서 '공생'하고 있습니다. 맞습니다. 함께 살아가는 것, 즉 공생 자체가 서로가 서로에게 불쾌감을 주는 일이기도 합니다.

그런데 왜 아들러는 "믿을 수밖에 없다"라고 말했을까요? 그 해답을 철저히 파헤쳐 보겠습니다.

나쁜 사람만
득을 본다고 생각될 때

타인에게 도움을 줌으로써
자신이 설 자리를 마련하면 된다.

아들러

앞에서 '험담'에 관해 이야기하며 사람은 원래 서로에게 불쾌감을 주는 존재, 서로 배신하는 존재라는 어두운 진실을 소개했습니다. 어쩌면 배신행위라고는 전혀 생각하지 못한 채 흉보기를 즐긴 사람도 의외로 많지 않을까 싶습니다.

실제로 우리는 누군가를 나쁘게 말하는 동안 상대적으로 자신은 옳다고 생각합니다. 3장에서 언급한 자칭 도덕가처럼 '나는 선, 남은 악'이라고 단정하면 기분이 좋아질 테지요.

"남의 불행은 곧 나의 행복"이라는 우스갯소리는 뇌과학에서도 증명된 말입니다. 다른 사람을 흉보는 행위는 어떤 의미에서는 누군가를 불행하게 만드는 것이지요. 그래서 험담을 하면 스트레스 해소가 되는 것 같다고 좋아하는 사람도 있습니다.

또한 '누군가의 나쁜 점, 조심해야 할 단점을 알려 주는' 태도는 "당신을 내 편으로 생각하고 있다"라는 표시이기도 합니다. 일종의 쓸모 있는 정보 공유처럼 보이기 때문에 이런 상황에서는 험담이 선물로 여겨질 수도 있겠지요. 실체는 단순히 정보 조작에 그치더라도 진짜 같은 험담의 효과는 극적입니다. 험담을 능수능란하게 이용하면 아군을 늘리는 환경을 조성할 수도 있습니다.

"험담이라는 배신행위로 자기편을 늘릴 수 있다니, 말도 안 돼!" 하고 고개를 절레절레 흔들고 싶을 만큼 부조리한 상황입니다. 하지만 당신은 오늘도 이런 부조리한 사례를 목격하지 않았나요? 실제로 상담실에서 보면 이 세상은 불합리와 부조리가 판을 치는 것 같습니다.

초등학교 교실이나 학부모 모임에서 자행되고 있는 집단 따돌림, 대기업 같은 대형 조직 내에서 발생하는 패권 다툼, 가족끼리의 피 터지는 재산 싸움 등 험담을 절묘하게 이용한 사람이 더 유리한 위치에 서게 되는 사례는 이루 셀 수 없을 만큼 많습니다.

이런 면만 본다면 인간이라는 존재는 아둔하고 추악한 동물이라고 외치고 싶을 지경입니다. 하지만 이 자체를 두고 옳고 그름을 말할 수 없습니다. 누가 어떻게 평가하건 이것이 인간의 '진실'입니다.

3장에서 전했듯이 '모두 사이좋게'는 인간의 참모습이 아닙니다. 서로 빼앗고 욕하고 배신하는 것이 인간의 진실이자 우리의 본성입니다. 적나라한 진실에 인간으로 살아가는 일이 싫어질 수도 있겠네요.

지금까지 인간 세상의 어두운 면만 강조했는데 그렇다고 너무 걱정하지는 마세요. 이 세상이 분명 천국은 아니지만 지옥도 아니니까요. 밝은 면과 어두운 면이 적당히 어우러져 있어서 재미있는 곳이 우리가 사는 세상입니다.

예를 들면 지나치게 흉보기를 즐겨하는 사람은 "저 친구, 남 이야기를 너무 많이 하는 거 아냐" 하며 오히려 험담의 주인공이 될 수 있습니다. 일본의 대표적인 군담 문학으로 꼽히는《헤이케모노가타리平家物語》서장에 등장하는 "융성한 자도 반드시 쇠퇴한다는 이치를 말해 주고, 교만한 자도 오래가지 못하니"라는 구절처럼, 처지는 좋든 싫든 항상 변하기 마련입니다.

그렇다면 처지는 왜 고정되어 있지 않고 변화무쌍할까요? 이 질문의 힌트는 이미 앞에서 소개했습니다. 험담을 이용해 유리한 위치에 설 수 있는 이유는 험담이 '선물'로 기능하기 때문입니다. 즉, 누군가에게 행복을 선사하는 도우미 역할을 하는 것처럼 보이기 때문에 험담을 능란하게 다루는 사람이라도 명성을 얻고 유리한 위치에 설 수 있습니다.

정리하자면 험담 '덕분에' 사회에서 인정을 받고 유리한 고지를 선점하는 것이 아닙니다. 험담을 선물로 포장할 수 있는 기술은 두 번째 문제이고, 누군가를 선물로 행복하게 만들 수 있을 때 호감을 얻게 됩니다. 반대로 아무도 행복해지지 않고 오히려 모두 불행해지는 상황을 초래한다면, 그 순간 설 자리를 잃는 것이 바로 인간 세상입니다.

달리 표현하면 오직 험담만 달고 사는 사람, 자기 자리만 탐내는 사람은 되레 설 자리를 잃고 퇴장하고 맙니다. 결과적으로 남는 것은 누군가를 행복하게 해 줄 수 있는 사람, 남에게 헌신하는 사람뿐입니다. 과도기에는 어두운 면이 부각되기도 하지만 최후의 승자는 타인에게 공헌하는 사람입니다.

"타인에게 도움을 줌으로써 자신이 설 자리를 마련하면 된다"라는 아들러의 한마디를 뒤집어 말하면, 사회에서 설 자리를 마련할 수 있는 사람은 타인에게 도움을 주는 사람이라고 할 수 있겠지요. 많은 사람이 이런 이유로 이 세상에 존재하고 있습니다. 극히 일부의 그렇지 않은 사람들 때문에 당신의 마음이 골병든다면 이보다 더 안타까운 일도 없겠지요.

나다움을 잃지 않으며
행복하기

혹시 자기 생각만 하고 있지 않는가?
빼앗는 자, 지배하는 자, 도망치는 자는
결코 행복해질 수 없다.
아들러

앞에서도 다룬 주제이니 이 말의 의미를 아시겠지요. 이번에는
조금 다른 관점에서 생각해 보기로 할까요.

제가 탐색하고 싶은 관점이란 "행복은 과연 어디에 있을까
요?"입니다. 당신에게 같은 질문을 던진다면 어떤 대답을 할 수
있을까요?

다양한 각도에서 다채로운 답이 나올 수 있을 테지요. 아주
오래전부터 소크라테스Socrates와 같은 위대한 철학자들도 이 질
문에 대한 답을 여러 방면으로 모색했습니다. 수많은 종교인도
저마다의 세계관과 인간관으로 행복론을 전개했습니다. 일본

의 공학박사인 마에노 다카시_{前野隆司}는 행복을 연구하기로 유명하지요.

"행복은 어디에 있을까?" 이 물음에 정말 많은 현자가 별별 답들을 내놓았습니다. 그런데 왜 이토록 답이 다양할까요?

우리 인간의 뇌는 행복을 추구하도록 프로그래밍 되어 있습니다. 따라서 누구나 행복론에 관심이 있기에 과학자부터 철학자까지 다양한 분야에서 수만 가지 행복론을 연구하고 제안해왔습니다.

그런데 아들러, 프로이트, 융과 같은 심리학자나 저처럼 마음과 뇌를 연구하는 과학자의 시각으로 보면 그 대답은 딱 하나입니다. "행복은 마음속에 있다"라는 것이지요.

원래 행복이란 "나는 지금 생존에 적합한 상태에 있다"라는 신호를 뜻합니다. 조금 딱딱하게 표현하면 마음이 발신하는 정보라고 할 수 있겠습니다. 그러니 마음속에 있다는 대답이 어쩌면 당연한 말인지도 모릅니다.

그렇다면 우리 인간은 어떤 상황에 처했을 때 생존에 적합한 상태라고 느낄까요? 정답의 핵심은 바로 세상에서 안정된 거처, 즉 자신이 '존중받는 장소'를 손에 넣는 순간입니다. 바로 앞에 등장한 표현을 빌리자면 "유리한 위치", "설 자리"라고도 말할 수 있겠지요. 결론적으로 행복은 저마다 마음속에 존재하고,

자신이 처한 상황에서 사회적으로 보호받는 상태가 행복의 원점이 됩니다.

물론 사람은 욕망의 덩어리라서 이것만으로 만족하지 못하는 이도 있습니다. 사회의 보살핌을 받는 처지에 순응하는 것이 너무 답답하다며, 차라리 자리를 잃는 불행을 선택하더라도 새로운 도전을 추구하는 사람도 분명 존재합니다. 반대로 항상 도전해야 하는 자리가 스트레스로 다가온다면, 일시적으로 설 자리를 잃더라도 자신에게 맞는 안정된 거처를 찾는 쪽이 궁극적으로 더 행복할 수도 있습니다.

다시 말해 행복의 원점은 모두 같지만, 행복이 극대화되는 상태는 사람마다 다릅니다.

하지만 이는 1장에서 소개한 이야기입니다. 앞서 살펴본 "행복에 이르는 방법은 직접 경험해 보기 전에는 알 길이 없다"라는 말처럼 누군가의 행복이 자기가 원하는 행복의 형태와 반드시 일치하는 것은 아니라는 뜻이지요. 인간의 본질은 제각각, 제멋대로이기에, 억지로 강요하거나 강요당하는 일은 바람직하지 못합니다. '나다운' 행복의 모습을 찾지 않으면 불행해집니다.

중요한 것은 '나다움'이 타인에게, 그리고 사회에 이바지하느냐의 문제입니다. 이를테면 도전해야 할 자리에 있는 사람이 도

전하지 않고 안주한다면 자신의 역할을 회피하는 것으로, 사회 공헌은커녕 주위에 민폐를 끼치게 됩니다. 결과적으로 자기 생각만 하는 자기다움이 주변을 지배하고 맙니다. 이런 상황이 되면 자신의 설 자리가 좁아질 테니 행복의 원점도 상실하겠지요.

반대로 사회적 보살핌에 순응하는 일이 스스로 추구하는 자기다움이자, 동시에 타인에게 기쁨을 선사한다면 그 사람은 행복의 원점을 얻을 수 있습니다. 자기답게 살 수 있기 때문에 그만큼 행복감도 높아지겠지요.

그럼 인간관계와 행복의 관계, 그리고 "우리는 서로를 믿을 수밖에 없다"라는 명언의 진정한 의미가 조금씩 보이지 않나요? 다음 페이지에서 이에 대한 확실한 해답을 찾아볼까요.

감사와 표현의
좋은 점

감사 인사를 받는 기쁨을 맛보면

기꺼이 선행을 베풀 것이다.

아들러

"감사합니다!" 혹은 "고맙습니다!"라는 인사가 가져다 주는 기쁨을 맛본 적 있을 테지요. 남에게 친절을 베푼 후 고맙다는 인사를 들었을 때 어떤 기분이 들었나요? 뭔가 뿌듯해지는 기분 좋은 느낌이 들지 않았나요?

감사 인사뿐만 아니라 SNS에 올린 글이나 사진을 보고 누군가가 '좋아요' 하고 칭찬해 주면 어깨가 으쓱해집니다. '좋아요'를 보는 순간 기쁜 마음에 환한 미소가 절로 떠오르지요.

SNS의 '좋아요'가 선사하는 기분 좋은 느낌은 사실 뇌 내 쾌락물질과 관련이 있습니다. 이는 스마트폰 중독을 경계하는 많은 사람이 염려하는 부분이기도 합니다.

군이 융의 명언을 떠올리지 않더라도 중독은 바람직하지 못합니다. 가벼운 SNS에서 전혀 가볍지 않은 쾌락에 빠져 본래의 자기를 상실하는 일은 삼가야 마땅합니다.

하지만 중독의 해악을 논하기 전에 짚고 넘어가자면, 인간은 타인이 건네는 감사 인사나 칭찬에 기뻐할 수 있는 동물입니다. 인정 욕구는 스마트폰 중독의 원흉처럼 다루어지기도 하지만, 인간에게 필요하기 때문에 획득한 뇌 시스템입니다.

도대체 무엇 때문에 이런 시스템을 획득한 것일까요? 여기까지 읽은 사람은 그 대답을 이미 알 테지요. 우리의 조상은 원래 이기적인 동물이었습니다. 이와 같은 초기 인류는 일정한 시점에서 사회를 만들고 서로 협력하며 생존하고 자손을 남기며 오늘에 이르렀습니다.

자기만 아는 이기적인 동물이 어떻게 여럿이 함께 지내는 사회를 만들었을까요? 이에 대한 극약 처방이 바로 감사와 인정에 반응하는 일종의 뇌 내 쾌락물질입니다. 여기까지 간단히 정리해 보면 인간이라는 동물이 제멋대로 사는 기쁨을 능가하는, 사회에 협력하는 희열을 습득한 덕분에 오늘날의 사회가 존재할 수 있는 것입니다.

안타깝게도 여러 의존증의 원인이 되고 말았지만 인정 욕구는 사회적인 존재로서의 인간을 상징하는 뇌 시스템이기도 합니다. 따라서 우리는 이기적이지만, 동시에 사회적인 존재로 타인에게 인정받고 칭찬받기 위해 이타적인 행동도 스스럼없이 하게 되는 것이지요.

이때 인간은 타인과 사회에 보탬이 되는 '나다움'을 찾으려고 고민합니다. 항상 도전정신을 추구하는 자기다움이 사회에 이바지하는 결과물을 만들 수 있게 힘쓰는 식으로요.

결과적으로 자기다움은 더 이상 제멋대로가 아닙니다. 사회의 재산이 될 수 있습니다. 사회적 자산이 되면 자신의 역할이 생기고, 행복의 원점도 확보하게 됩니다.

따라서 우리는 감사 인사를 듣거나 인정받는 체험을 통해 타인에게 기쁨을 줄 만한 행동이 무엇인지 조금씩 익혀 나갑니다. 그리고 '나다움을 어떻게 활용해야 사회에 이바지할 수 있을까?'를 고민합니다.

여기에서 잠시 아들러가 말한 "인간은 서로를 모르기 때문에 서로를 믿을 수밖에 없다"를 떠올려 볼까요.

사람은 타인을 온전히 알지 못합니다. 모두 저마다의 본질은 이기적인 동물입니다. 언제 배신당할지도 모르고, 오히려 크고 작은 배신을 하면서 살아갑니다. 하지만 서로 믿음을 저버리는 행동만 일삼는다면 자신의 자리가 사라지고 행복의 원점을 상실한다는 진실도 또렷이 알고 있습니다. 타인에게 인정받고 칭찬받는 기쁨이 클수록 그 기쁨을 상실하는 마음의 아픔도 크기 마련입니다.

그러기에 우리는 배신을 하면서도 어딘가 균형을 잡으려고 노력합니다. 배신한 만큼 감사와 칭찬으로 이어지는 호의를 베풀려고 애씁니다.

감히 타인의 마음과 행동을 통제할 수는 없지만 다른 사람에게 칭찬을 받고 인정을 받는 순간, 적어도 자신의 어떤 행동과 말이 타인을 기쁘게 하는지는 알 수 있겠지요.

이제 "인간은 서로 믿지 못하지만 서로 믿을 수밖에 없는 존재"라는 아들러의 말에 담긴 참뜻을 알겠지요? 상대방을 먼저 믿어야 호의를 베풀 수 있고, 상대를 기쁘게 해야 자신도 칭찬받는 기쁨을 누릴 수 있을 테니까요.

인간관계에는 어두운 측면이 가득합니다. 천국은 절대 아닙니다. 하지만 지옥도 결코 아닙니다. 아들러를 믿고 타인을 믿어 주세요. 그리고 주위 사람들에게 늘 감사하는 마음을 전해 주세요.

사랑을 베풀며
행복해지는 법

사랑에 인색한 사람이 되지 말자.

프로이트

이 문장을 본 순간, 어떤 사람은 반론의 목소리를 낼 수도 있습니다. 예를 들면 "값싼 애정을 베풀지 않겠다"라는 주장도 충분히 설득력 있습니다. 분명 무엇이든 싸게 팔면 가치가 떨어지기 마련이니까요. 그렇다면 사랑을 베풀어야 할까요, 사랑을 베풀지 말아야 할까요?

여기에서는 풍요로움을 테마로 '인색한 사랑'에 대해 생각해보겠습니다. 세상에는 다양한 풍요가 존재하는데, 대체로 '풍요로움'이라는 단어를 들으면 경제적인 여유를 가장 먼저 떠올릴 테지요.

실제로 먹고사는 문제는 아주 중요합니다. 투기와 같이 실물을 생산하지 않는 경제는 논외로 치고, 물자가 돌고 사람이 돌고 돈이 움직여야 현대인의 건강과 문화생활이 성립될 수 있습니다. 말 그대로 경제적인 풍요는 생활의 기본 식량입니다.

같은 맥락에서 '부'를 생각하는 일은 반드시 필요합니다. 지금도 수많은 비즈니스맨이 저마다의 비즈니스 모델 속에서 인간의 물질적인 풍요를 창출하기 위해 고민합니다.

그럼 여기에서 비즈니스 철칙에 관해 잠시 이야기해 보지요. 물론 저는 경제경영 전문가가 아닙니다. 하지만 경영과 인간관계는 '게임 이론'이라고 부르는 법칙에 바탕을 두고 전개된다는 공통점이 있습니다. 게다가 게임 이론이란 심리학에 속하기도 합니다. 따라서 인간관계의 묘미를 탐색할 때 하나의 참고사항으로서 경영 이야기를 편하게 들어 주세요.

비즈니스에서 중요한 것은 거래처와의 '윈윈' 관계, 즉 상호 이익을 내는 호혜 관계를 구축하는 일입니다. 하지만 사람은 본질적으로 인색한 동물입니다. 제멋대로에 이기적일 뿐 아니라, 들어오는 수입보다 나가는 지출을 곱절로 비싸게 여깁니다. 따라서 지출을 늘 아까워하는 동물인 셈이지요.

그런데 실제 경영 현장에서 인색한 상대를 만났다면 어떨까요?

자신의 이익을 가장 우선시하고 이런저런 이유를 대며 불이익은 상대방에게 은근슬쩍 떠넘기려고 하는, 쩨쩨한 사람과 거래하는 일은 썩 내키지 않습니다. 왠지 사기당하는 것 같아서 두고두고 찜찜한 기분이 듭니다.

당연한 이야기지만 십 원 한 장 손해 보지 않으려는 인색한 사람을 사업 파트너로 믿어 줄 이는 없습니다. 흥정도, 대놓고 대립각을 세우는 일도 번거로울 테니 "앞으로 잘 부탁드립니다!"라는 인사치레만 남기고 협상 자리를 떠날지도요. 달리 표현하면 "구두쇠에게는 비즈니스 기회를 주지 않는다"라는 벌칙을 가하고 있는 것이지요.

여기까지 읽은 분들은 '인색함'의 부정적인 영향을 충분히 이해하셨을 테지요. 물론 무턱대고 돈을 뿌리는 바람에 손해 보는 일도 바람직하지 못하지만, 사업 기회를 잃는다는 의미에서 인색함은 손해입니다.

그럼 경제 이야기에서 사랑 이야기로 돌아올까요. 물질적인 풍요에 버금가는 중요한 재산이라고 하면, 정신적 풍요, 즉 '마음의 풍요'를 곧잘 떠올립니다. 과연 마음의 풍요는 어디에서 오는 것일까요?

앞서 소개했듯이 자신의 설 자리, 그리고 자기다움이 사회 공헌으로 승화됨으로써 행복의 크기가 극대화될 수 있습니다. 이런 사실에 비추어 본다면 사람과의 관계, 사회와의 유대감 속에 마음의 풍요가 존재한다는 대답은 하나의 정답이 될 수 있겠지요.

게다가 사랑은 감사와 인정을 발신하는 가장 효과적인 메시지입니다. 당신이 누군가에게 사랑을 퍼부으면 그 누군가의 뇌에서는 기쁨이 샘솟습니다. 즉, 사랑은 타인을 행복하게 만드는 행위이므로 훌륭한 공헌이 될 수 있지요.

그리고 사람에게는 호의에 보답하려는 마음이 확실히 존재합니다. 당신이 누군가에게 베푼 사랑은 호감의 상호성 법칙에 따라 다시 당신에게 되돌아오는 법이지요. 그러면 나 자신도 행복해질 수 있습니다.

물론 남녀 불문하고 무턱대고 애정을 흩뿌리는 일은 추천하지 않습니다. 괜히 오해를 사거나 민폐를 끼쳐서 주위를 불편하게 만들 따름입니다.

하지만 상대방이 고개를 끄덕일 수 있을 만큼의 합리적인 사랑과 호의는 최고의 선물로 베풀 수 있습니다. 아끼려 하지 말고 사랑을 듬뿍 나누어 주세요. 분명 나눌수록 더 부자가 될 테니까요.

다른 사람을
이해할 수 없을 때

상대방을 이해하지 못할 때

상대를 바보라고 무시하는 사람이 있다.

융

4장에서는 주로 아들러의 문장을 통해, 서로 이해하지 못하고 믿지 못하는 존재가 바로 인간임을 강조했습니다. 속을 알 수 없는 사람은 솔직히 무섭지요. 내 편인지 네 편인지 모를 테니까요.

실제 우리의 뇌는 잘 모르는 사람, 또는 이해하기 힘든 사람을 만났을 때 무조건 경계 반응을 이어 나갑니다. 하지만 불신하기보다 신뢰하는 쪽이 모두에게 더 이롭다는 사실은 앞에서 거듭 언급한 내용이지요. 그런데 상대방을 이해하지 못할 때 보이는 반응으로 불신만 있는 것이 아닙니다. 융이 말한 것처럼 상대를 바보라고 무시할 때도 종종 있습니다.

이해할 수 없는 상대를 멍청이라고 단정 짓는 리액션은 과연 나쁜 행위일까요, 아니면 적절한 행동일까요? 여기에서는 이해할 수 없는 사람을 왜 바보라고 정의하는지, 그리고 다짜고짜 무시하는 행위의 장점과 단점은 무엇인지 냉철하게 살펴보기로 하지요.

먼저 장점부터 알아보면, 심리학에서 말하는 '인지적 쾌감'을 얻을 수 있습니다. 인지적 쾌감이라는 말을 처음 듣는 사람도 있을 테지요. 사람은 자신의 생각이 옳다고 믿으면 기분이 좋아지는데 바로 이것을 인지적 쾌감이라고 합니다. "맞아, 내 말이 맞았네!"라고 확인했을 때 입가에 미소가 절로 번졌던 경험이 있지요? 이런 체험이 인지적 쾌감에 속합니다.

이해하기 어려운 사람을 멍청이, 바보라고 정의하는 것은 표현을 달리하면 '올바르지 못한 사람' 혹은 '시답잖은 사람'이라고 규정하는 것입니다. 상대가 올바르지 못하고 시답잖으니까, 굳이 이해할 필요가 없는 사람, 이해하려고 애쓰지 않아도 되는 사람이라고 단정 지을 수 있습니다. 결론적으로 "역시 내가 옳았어!"라고 확신할 수 있겠지요.

우리는 이해하기 힘든 사람을 만나면 대부분 불편한 불쾌감을 느끼는데, 이런 상황에서 "내 말이 맞아!"라고 확인함으로써 불쾌감은 씻은 듯이 사라집니다.

게다가 지적인 노력을 기울이지 않아도 되니까 한결 수월합니다. 이해하기 어려운 사람을 이해하려면 머리를 써야 합니다. 머리를 쓰는 행동은 상당한 에너지가 필요하고요. 에너지를 쓰는 행동을 하면 쉬이 피로해지고 무엇보다 귀찮겠지요. 하지만 이해할 수 없는 사람을 그저 바보라고 정의 내리는 순간, 이런 노력을 생략할 수 있습니다. 피곤하지도 않고 귀찮지도 않습니다.

더군다나 '비교 우위의 법칙'으로 자신의 가치를 높일 수도 있습니다. 즉, 자신의 가치가 높아지는 우월감을 느낄 수 있다는 장점 때문에 상대를 멍청이, 바보라고 낮추어 생각하는 사람도 있는 것 같습니다.

이런 연유에서 단지 이해하지 못한다는 이유로 상대방을 바보라고 조롱하는 효용에 젖어 들고 맙니다. 타인을 멍청이라고 간주하는 순간, 인지적 쾌감에 빠지고 성가신 일에서 홀가분해질 수 있습니다. 마음의 먹구름이 사라지니 기분이 아주 좋아지겠지요.

하지만 이런 상황은 3장에서 자세히 설명한, 자칭 도덕가라고 주장하는 위선자와 절묘하게 포개집니다. 단점도 위선자의 사례와 쏙 빼닮았습니다.

혹시 당신이 이런 사기꾼에게 멍청이라고 놀림을 당하더라도 전혀 마음 쓸 것 없습니다. 타인을 조롱하고 싶어서 안달 난 사람이 머리 쓰지 않고 쾌감을 얻기 위해 맘대로 지껄이는 처사니까요.

물론 타인을 바보라고 정의 내리는 일에 여러분은 가담하지 않으셨으면 합니다. 정말로 상대가 못난 사람일 수도 있겠지만, 근거 없는 단정 짓기에는 단점이 훨씬 많기 때문이지요. 그럼 다음 페이지에서 단점을 조목조목 알려 드리겠습니다.

나와 다른 의견은
무조건 비난으로 받아들여져요

당신을 비난하기 위해
다른 의견을 피력하는 것이 아니다.
차이는 당연하고 다르기에 의미가 있다.

아들러

앞에서 이해할 수 없는 사람을 만났을 때 대응하는 방법으로써, '상대를 바보라고 무시하기'의 장점을 소개했습니다. 이해하기 힘든 사람을 하찮게 여기면 기분이 좋아지고, 우월감을 느낄 수 있는 등 다양한 장점이 있었지요.

하지만 누군가를 무턱대고 무시하는 일에는 신중해야 합니다. 그 이유가 바로 위 명언에 담겨 있습니다.

이해하기 어려운 사람은 대체로 자신과 다른 의견을 갖고 있는 사람입니다. 다른 의견을 만나는 순간 우리는 불쾌감을 느끼게 되고요. 왜 자신과 의견이 일치하지 않는 사람을 보면 불쾌

할까요? 무엇보다 자신이 비난당하고 있다는 기분에 휩싸이기 때문입니다.

그렇다면 단지 다른 의견을 밝힐 뿐인데, 왜 우리는 비난받는다고 느낄까요? 우리의 그릇이 부족해서 그런 것이 아닙니다. 우리는 자신이 내세우는 의견이 논리적이라고 믿습니다. 논리가 통하는 바른말, 합당한 주장은 앞에서 언급한 인지적 쾌감이라고 달리 표현할 수 있겠지요.

스스로 바른말을 하고 있다고 느끼면, 뇌 내 쾌락물질이 솟구칩니다. 내 말이 맞다고 생각하는 것만으로도 기분이 좋아진다는 것입니다. 더욱이 인간의 뇌는 자신에게 기쁨을 선사하는 것을 자신의 '확장물'로 여깁니다. 확장물이란 바로 자신의 일부입니다. 즉, 자기 의견도 자신의 일부로 느끼는 것이지요.

하지만 의견이나 생각은 결코 자신의 일부가 될 수 없습니다. 그저 논리정연한 주장이라고 믿는 순간, 어깨가 으쓱해지고 쾌감을 맛볼 수 있기 때문에 자신의 일부처럼 착각할 따름이지요. 안타깝게도 인간의 뇌는 이를 뚜렷이 구별할 만큼 진화하지 못했습니다. 그렇기에 인간은 자신과 다른 의견을 접할 때 곧바로 불쾌감에 사로잡힙니다. 원시적인 뇌는 쾌감을 빼앗김으로써 다른 의견을 밝힌 상대를 가차 없이 적으로 여깁니다.

원시적인 뇌가 단지 적이라고 간주했을 뿐인데, 인간의 고집

불통 이성은 "난 옳아, 난 틀리지 않아"라고 하며 자신의 주장을 끝까지 관철하려고 합니다. 그리하여 "상대방이 나를 공격했다", 바꿔 말하면 "난 부당한 비난을 받고 있다"라며 자신을 피해자로 자리매김시킵니다. 이처럼 인간은 제멋대로인 동물이지요.

이는 참으로 답답한 뇌의 메커니즘입니다. 그도 그럴 것이 일련의 사고 과정에서 수많은 혜택을 놓칠 테니까요. 무엇보다 다른 의견에서 배우는 기회를 상실하게 됩니다.

인간은 자신은 언제나 옳다고 믿고 싶어 하는 동물입니다. 그 이유는 아직 정확하게 밝혀지지 않았지만, 자신이 옳다고 믿음으로써 쾌감을 맛보는 뇌 시스템이 인간에게 존재한다는 점은 확실합니다.

자신의 옳음을 믿고 싶어 하는 뇌가 있다는 사실이 무엇을 의미하는지 이미 알고 있는 사람도 있을 테지요. 인간은 거짓을 참이라고 믿는, 착각하는 뇌를 지니고 있습니다. 그리고 아들러에 따르면, 이런 잘못을 바로잡아 주는 고마운 존재가 자신과 다른 의견을 주장하는 사람입니다.

2장, 3장에서 거듭 소개했듯이 세상에 절대적인 참, 진실, 정론은 존재하지 않습니다. 입장이 달라지면 정론도 달라집니다. 따라서 의견의 차이는 배움의 기회입니다.

물론 "저런 녀석한테 배울 게 있다고요? 말도 안 돼!" 하며 고개를 가로젓게 만드는 상대도 있을 테지요. 지식도 교양도 전혀 없이 명백히 잘못된 주장을 펼치는 사례도 있습니다. 자신의 무지를 전혀 깨닫지 못하는 젊은이, 시대에 뒤처진 교만한 '꼰대' 등등 배울 가치가 하나도 없는 사람도 있습니다. 이들은 아들러가 말한 대상에서 제외되는 사람이겠지요.

하지만 누가 봐도 명명백백한 제외 대상이 아니라면, 다른 의견에서 자신의 견문을 넓히는 기회를 얻을 수 있습니다. 절호의 기회를 놓치지 마세요. 생각의 차이는 성공의 가능성을 활짝 열어 주는 마스터키가 됩니다. 아울러 같은 지식과 견문을 공유하는 친구가 늘어날 수도 있겠죠.

사랑하면 왜
바보가 되는 걸까요

사랑에 빠지면 고통에는 둔감해진다.

프로이트

혹시 지금 당신은 누군가를 사랑하고 있나요? 너무 생뚱맞은 질문이라 당황했겠지만, 사랑은 우리를 매우 들뜨게 하는 감정입니다.

실제로 사랑할 때 우리 몸에서는 옥시토신이라는 호르몬 분비가 촉진돼 행복감에 빠집니다. 옥시토신은 안티에이징, 즉 회춘의 효과도 불러온다고 알려져 있습니다.

많은 사람이 사랑을 멋진 감정이라고 생각하지요. 하지만 프로이트가 지적하듯이 사랑은 위험한 감정이기도 합니다. 여기에서는 사랑 때문에 불행해지지 않기 위한, 사랑의 정확한 사용

설명서를 알려 드리겠습니다.

사랑의 위험성을 대변해 주는 말로 "사랑은 맹목적"이라는 표현이 있습니다. 여기서 '눈이 멀었다'라는 뜻의 맹목이라는 단어는 비유적인 표현으로 쓰였지만, 사랑이 세상을 보는 눈을 바꿔 주는 것만은 확실합니다.

〈사랑은 비를 타고〉라는 뮤지컬 영화에는 세차게 비가 내리는 와중에도 남자 주인공이 신나게 춤을 추고 노래까지 부르는 명장면이 나옵니다. 말 그대로 하늘에서 물을 퍼붓듯이 억수로 비가 내리는데, 연극 무대에서 이 뮤지컬을 공연할 때 자그마치 12톤이나 되는 물을 쏟아부었다는 놀라운 이야기가 있을 정도이지요.

그런 장대비를 맞으며 남자 주인공은 탭 댄스를 춥니다. 만약 영화의 한 장면이 아니었다면 기이하게 느껴질지도 모르겠습니다. 실제로 주위에 이런 사람이 있다면 놀라움을 넘어 무서워서 도망갈 수도 있겠죠.

남자 주인공은 왜 장대비 속에서 춤을 추고 노래를 부르고 있을까요? 사랑에 빠졌기 때문이지요. 사랑을 하면 연인의 얼굴을 떠올리기만 해도 가슴이 두근두근하고 설렙니다. 사랑에 빠지면 누구나 구름 위에 앉아 있는 것처럼 기분이 붕 뜨게 됩니다.

실제로 사랑에 빠진 사람의 뇌를 관찰해 보면, 마약 중독 환자의 뇌와 흡사한 양상을 보인다고 합니다. 뇌를 흥분시키는 호르몬인 아드레날린adrenaline, 쾌락과 행복감, 의욕과 관련된 신경 전달물질인 도파민dopamine 등의 뇌 내 물질이 마구 쏟아져 나옵니다. 달리 표현하면 뇌 내 쾌락물질의 영향으로 정상 궤도를 이탈한 고양감, 뇌가 불타오르는 상태에 빠집니다.

이런 상황에서는 몸과 마음이 가벼워지고 피로감도 전혀 느껴지지 않으며, 무엇을 해도 잘될 것 같은 착각에 빠집니다. 그러니 12톤이나 쏟아붓는 장대비 속에서도 아무렇지도 않게 유유자적 춤추고 노래 부르는 것이겠지요. 오히려 평소보다 더 기분이 좋을 수도 있습니다. 모든 것이 빛나 보이니까요.

이런 경험을 한 적 없나요? 사랑하면 누구나 겪게 되는 일입니다. 사랑에 빠지면 감정이 고양되어 매 순간 대담무쌍하게 행동합니다.

'장대비를 뚫고 즐기는 탭 댄스'라고 하면 걸작의 명장면 덕분인지 사랑에 빠졌을 때 느끼는 황홀감이 떠올라 감상에 젖어 들게 되지요. 그런데 다른 사례를 생각하면 마냥 웃고 있지는 못할 것 같습니다. 1967년에 개봉된 미국 영화 〈우리에게 내일은 없다〉에서는 운 나쁜 두 사람이 사랑에 빠져 마치 폭주족처럼 은행 강도와 살인을 일삼습니다. 애초에 폭력 성향이 원인

인지도 모르지만, 실화를 바탕으로 한 이 영화에서 커플이 범죄를 저지르게 된 결정적 계기는 사랑이 촉발한 브레이크 없는 고양감임이 틀림없습니다. 두 사람은 결국 총을 맞고 영화는 끝이 납니다.

이처럼 사랑은 흔히 이성이라고 부르는, 현실적으로 자신을 지키는 시스템을 마비시킵니다. 마비된 이성이 미소 짓게 만들 때도 있지만 생명을 앗아 가는 결과를 초래할 때도 있습니다.

주위에서 흔히 보이지만 때에 따라서는 치명적인 문제로 번질 수 있는, 사랑의 부작용도 있습니다. '사랑의 대상'이라는 자극이 사랑에 빠진 사람의 뇌를 마비시키기 때문에 그 대상이 자신의 기대대로 움직여 주지 않을 때, 혹은 대상이 사라졌을 때 뇌는 지독한 금단 현상을 보입니다. 사랑은 우리를 이런 고통에 거의 무방비 상태로 노출시킵니다.

사랑하는 사람과 함께하는 일은 상상만 해도 근사하지요. 하지만 사랑에 빠지면 분명 위험하기도 합니다. 천당과 지옥을 오갈 수 있으니 '사랑할 때는 적당히'를 기억해 주세요!

주위에 비밀을
털어놓고 싶을 때

비밀을 무덤까지 가져갈 수 있는 사람은 많지 않다.

프로이트

이 문장을 보자마자 멈칫한 사람이 많을 것 같습니다. 그도 그럴 것이 이 말은 누군가를 전적으로 믿고 털어놓은 비밀이 제삼자에게 알려질지도 모른다는 뜻이니까요.

혹시 남에게 말 못 할 비밀을 갖고 있는 것은 아닌가요? 하지만 걱정하지 마세요. 비밀 없는 쪽이 더 편하긴 하지만, 사람은 누구나 크고 작은 비밀을 가슴에 품고 있으니까요.

숨겨야 할 가장 흔한 비밀이라면, 팀장, 혹은 상사와 같은 윗사람에 대한 불평이나 불만이 먼저 떠오릅니다. 아랫사람이 보기에 윗사람의 처신은 만족스럽지 않을 때가 훨씬 많습니다. 그러다 보니 불평불만이 튀어나오기 마련이고요.

하지만 정작 당사자인 팀장 귀에 들어가면 큰일이지요. 그래서 비밀을 지켜 줄 만한 동료에게 팀장 욕을 마구 퍼붓습니다.

다만 프로이트에 따르면 비밀 공유는 위험천만한 일입니다. 비밀을 지켜 줄 것이라고 철석같이 믿었던 사람이 신뢰를 저버릴 가능성이 다분히 높기 때문이지요. 어쩌면 그 사람이 팀장에게 쪼르르 달려가서 "있잖아요, ○○ 씨가 이렇게 팀장님 흉을 봤어요!" 하고 고자질할지도 모르죠.

앞서 "사람은 서로 배신하고 배신당하는 존재"라고 거듭 강조했습니다. 그럼에도 우리는 "서로 믿을 수밖에 없다"라고도 말씀드렸고요. 과연 비밀을 둘러싼 배신행위도 믿을 수밖에 없다고, 괜찮다고 말할 수 있을까요?

여기에서 믿었던 사람이 왜 비밀을 폭로하게 되는지, 이 문제부터 짚어 봐야 합니다. 단순히 상대가 진실하지 못해서, 입이 가벼워서 신뢰를 저버리는 것일까요?

그럼 질문을 하나 드리지요. 비밀을 지키는 조건, 말하자면 비밀을 공유한 사람이 비밀을 지킬 수밖에 없는 조건이란 무엇일까요? 그 조건이란 비밀을 말한 사람과 이해관계가 일치할 때입니다. 반대로 비밀을 말한 사람과 이해관계가 일치하지 않을 때는 비밀을 지켜야 할 명분이 사라지는 것이지요. 쉽게 말하자면 더 이상 당신과 동료가 아니라는 뜻입니다.

앞서 언급한 팀장을 향한 불만을 예로 들어 생각해 보지요. 같은 불만을 공유하고 "팀장은 정말 쓰레기야!" 또는 "더 이상 피해 보지 않게 우리 서로 돕자고!" 식으로 이해관계가 일치하면 두 사람은 같은 편의 동지가 됩니다.

비밀을 폭로해서 당신을 배신한다는 것은 자신을 도와줄 아군을 잃는다는 뜻이기도 합니다. 아군을 잃지 않는다고 하더라도 아군이 불리한 상황에 처할 수 있기 때문에 결과적으로 자신에게 불이익을 초래하게 됩니다. 그러니 이해관계가 일치하는 한 배신은 없습니다.

반대로 이해관계가 일치하지 않을 때를 가정해 보지요. 적절한 비유는 아니지만, 만약 여러분이 더 이상 그 사람에게 소중한 존재가 아니라고 해 봅시다. 이를테면 팀장이 그 사람을 예뻐한다거나, 그 사람도 팀장에게 예쁨을 받으려고 용쓴다거나… 이런 상황에 처했을 때 최악의 경우, 당신이 비밀로 해 달라고 부탁한 팀장의 험담을 팀장에게 밝히고, 팀장의 사랑을 독차지하기 위해 당신을 배신할지도 모릅니다. 그렇게까지 악랄한 사람이 있을까 싶지만, 의외로 그런 사람이 많습니다. 그러니 비밀은 공유하지 않는 편이 안전하겠지요.

만약 당신이 정말로 비밀을 공유하고 싶은 사람이 있다면,

그 사람과 오랫동안 이해관계가 일치할 것이라고 확신하는 사람을 선택해 주세요.

　사람은 정서적인 동물이기도 합니다. 실리적인 이해관계뿐 아니라 정서적인 이해관계가 오래 유지될 수 있는 사이, 예를 들어 서로가 서로에게 "이 사람을 배신하면 내가 인간도 아니지"하며 끈끈한 유대감을 형성한 관계라면 믿을 수 있겠지요. 인간관계는 참으로 어렵고 복잡합니다. 그러기에 더더욱 단순하게, 그리고 현명하게 대처합시다.

부모의 의견을 모두
따라야 할까요

부모의 생각을 따를지,
아니면 부모를 반면교사로 삼을지,
모두 자기 의지로 결정할 수 있다.
아들러

인간관계를 둘러싼 고민 가운데 부모와 자식 간에 겪는 갈등으로 고통받는 사람이 아주 많습니다. 부모와 자녀는 정서적으로 이어져 있지만, 부모가 자식에게 거는 기대와 자식이 부모에게 원하는 바는 저마다의 형편에 따라 달라집니다. 그 기대에 부응할 때는 서로 얼싸안고 기뻐하지만, 기대를 저버릴 때는 서로에게 상처를 주면서도 같이 살아가야 하는 관계가 바로 부모 자식 사이겠지요.

　이 과정에서 복잡한 생각이 켜켜이 쌓이기 마련입니다. 사정이 이렇다 보니 부모와 자녀 사이는 자칫 갈등의 골이 깊어지기

섭습니다. 실제로 부모 혹은 자식 때문에 상담실을 찾는 분들이 꽤 많습니다.

부모와 자식 관계는 한 권의 책으로 담아도 모자랄 만큼 해법을 내기 어려운 주제이기도 합니다. 당신도 부모 혹은 자식 생각을 하는 순간, 마음 깊은 곳에서 오만 가지 생각이 삐죽 새어 나오지 않나요?

여기에서는 상대적으로 고민 상담이 더 많은, 자식 입장에서 생각해 보기로 하겠습니다. 먼저 어린 시절을 떠올려 보면, 아이들은 부모님과의 주도권 싸움(파워게임)에서 마냥 불리한 위치에 섭니다. 아이들은 할 수 있는 일이 한정되어 있습니다. 알고 있는 것도 제한적이고요. 어린아이들은 말 그대로 혼자 힘으로 아무것도 할 수 없습니다. 부모님의 보호막이 없으면 생존할 수 없다는 사실을 조금씩 깨닫게 됩니다. 그러니 아이는 부모님을 따를 수밖에 없겠지요.

부모는 폭군이라고 혀를 내두르면서도 아이가 분별력을 갖추기 전까지는 자녀의 말도 안 되는 행동들을 온전히 받아 줍니다. 개인 차이는 있을 테지만 만 3세 정도까지는 그야말로 말이 통하지 않으니 부모가 자녀에게 순순히 따라 줄 수밖에 없습니다.

그럼 다시 자녀 시점으로 돌아올까요. 아이들은 철이 들면서 자연스레 부모님 말씀에 순종합니다. 말하자면 부모님의 양육 방식에 일방적으로 따라야 하는데, 이때 부모의 강요나 훈육이 아이에게 커다란 상처를 줄 수 있습니다. 더욱이 어릴 적 상처가 성장기 이후의 인생에 영향을 미칠 때가 많습니다. 고통에서 벗어나 자신을 되찾기 위해 어른이 된 후 상담실을 찾기도 하고요.

또한 자신을 피해자로 규정하는 분들도 있습니다. 이런 분들은 부모님을 지칭할 때, 자식에게 독이 되는 부모라는 뜻의 '독친毒親'이라는 표현을 자주 쓰는 것 같습니다. 이와 관련해 제 생각을 밝히자면, 나쁜 부모의 피해자라는 정체성을 고집하며 자신을 궁지에 몰아넣는 태도에는 신중해야 한다는 입장이지만, 세상에는 자녀를 망치는 부모도 분명 있습니다.

부모를 뜻하는 한자 '親(친)'을 나름 해석해 보면, 나무木 그늘에 서서立 자식을 보살핀다見는 뜻으로도 읽히지 않을까 싶습니다. 무슨 일이 생기면 '짠' 하고 나타나서 도와주지만 되도록 아이를 간섭하지 않는다는 의미도 내포되어 있다고 생각합니다.

물론 제가 한문 전문가가 아니기에 정확한 내용은 잘 모르지만, 부모라는 한자에 깊은 뜻이 담겨 있는 것만은 분명합니다. 조금 떨어져서 자식을 지켜보는 것이 부모의 자리이자 운명이고 부모가 갖춰야 할 자세이겠지요. 실제로 부모의 간섭을 적게 받은 사람이 훨씬 만족스러운 인생을 보내고 있는 것 같습니다.

여기서 "부모의 생각을 따를지, 아니면 부모를 반면교사로 삼을지, 모두 자기 의지로 결정할 수 있다"라는 아들러의 말을 곱씹어 보면 아들러는 양자택일을 가치관의 문제로 여깁니다. 따라서 "최종 선택은 바로 당신이 해야 합니다!"라고 결론 내리는 것이지요.

다만 누군가 저에게 같은 질문을 한다면 부모님을 반면교사로 삼는 쪽이 더 바람직하다고 대답할 것 같습니다. 왜냐하면 부모님과 '나'는 살아가는 시대가 다르고 환경이 다르며 처지가 다르기 때문이지요. 무엇보다 인생 자체가 서로 다릅니다.

부모님의 사고방식이나 가치관, 생활 습관, 성공 철학이나 성공 방정식은 참고가 될 만한 것들도 분명 있을 테지만, 여러분이 살아가는 시대와 환경에 맞지 않는 것도 많습니다. 자신이 꾸려 나가야 할 인생과 엇박자로 갈지도 모르고요.

어릴 때는 부모님의 그늘에서 무럭무럭 자라납니다. 하지만 일정한 시기가 지나면 더 이상 부모님은 아이를 지켜 줄 수 없습니다. 만약 부모님이 보호해 주신다고 해도 자식은 부모님의 보호막에서 스스로 벗어나야 합니다. 부모와 자식이 살아가는 인생은 전혀 다르니까요.

　부모를 반면교사로 삼아야 할 때도 있으니 그나마 다행이라고 하면 많은 부모님이 서운해하려나요….

혼자서는
행복해질 수 없나요

고독은 나의 인생을 진실로 보람 있게

이끌어 주는 구원의 샘이다.

융

융의 문장을 보는 순간 앞서 소개한 프로이트의 명언, "스스로 선택한 고독과 고립은 인간관계를 둘러싼 갈등에 대처하는 가장 훌륭한 방어 수단이다"가 떠오르지 않나요?

분명 고독의 이점과 의의를 강조한 점은 흡사합니다. 하지만 두 문장은 차이점도 있습니다. 프로이트는 고독을 '방어'라고 표현했습니다. 반면에 융은 '보람', '구원'이라고 표현하고 있지요. 과연 이 차이는 무엇을 의미할까요?

여기에서는 프로이트와 융을 통해 행복한 인간관계를 구성하는 본질을 파헤쳐 보겠습니다.

먼저 프로이트가 방어라고 표현한 것은 어떤 공격을 받아서 고뇌라는 상처를 입었다는 의미입니다. 프로이트가 생각한, 우리를 공격하는 적은 과연 무엇일까요?

인간관계일까요? 물론 인간관계 중에서도 적대적이면서 공격적인 인간관계가 있습니다. 타인이 적이 될 때도 있겠지요. 다만 적은 우리의 마음속에도 있습니다. 마음속에 있는 적은 '자유 의지'와 '사회적 자리를 지키려는 의지'가 서로 대립하는 모습입니다. 이와 같은 내적 갈등이 고통이라는 상처를 주고 우리를 힘들게 합니다. 그러므로 때때로 고독이나 고립을 자진해서 선택하면 도움이 된다고 프로이트는 전합니다. 이처럼 자신의 마음속에서 적을 찾아내는 관점은 정말 기발합니다. 이는 제가 프로이트를 존경하는 이유이기도 하고요.

다만 시각을 달리해서 마음속이라고 해도 '적(목표)', 즉 자신을 겨루어야 할 상대로 규정하고 이를 공격하는 태도를 어떻게 생각하나요?

만약 이런 태도에 공감한다면 당신은 프로이트적인 외향형에 가까울 가능성이 있습니다. 프로이트적인 외향형 관점이란 '만족감은 자신의 내면이 아닌 외면의 현실 세계에서 발굴하고 만들어 내야 하는 것'이라고 생각하는 자세를 말합니다. 프로이트가 가치를 둔 만족감은 타인으로부터의 존경에서 발생했습니다. 프로이트 스스로 존경받을 만한 사람이 되려고 부단히 노력했고, 아울러 주위 사람들에게도 존경심을 요구했다는 것은 널리 알려진 사실입니다.

융은 조금 다른 인생을 지향한 것 같습니다. 고독을 '보람', '구원'이라고 표현했다는 점에서도 그 차이를 알 수 있지요. 요컨대 융은 자신의 내면이든 외면이든 적을 찾아내려고 하지 않았습니다. 물론 도덕가를 사칭하는 사기꾼처럼 우리에게 상처를 주는, 적에 가까운 사람은 분명 존재하고 경계해야 마땅하다고 융도 지적하고 있습니다. 그런 사람을 만났을 때 대처하는 방법도 알려 주고요.

하지만 융의 문장에서 우리가 눈여겨봐야 할 대목은 '구원받아야 하는 무언가', 달리 말하면 '사회생활과 인간관계 속에서 너덜너덜해진 자기 자신'이라고 볼 수도 있지 않을까요.

직설적으로 말하자면 융은 프로이트만큼 외부의 현실 세계에 집착하지 않았습니다. 더 정확히 표현하면, 외부 세계에 대한 흥미를 어떤 시점에서 잃어버렸다고 볼 수 있지요. 그리고 외면에 대한 흥미를 상실함으로써 고독에 빠졌지만, 그 이상으로 내면이 보람으로 가득 채워져 구원받았다고 융은 자부할 것입니다. 그 누구에게도 방해받지 않는 내면의 충족과 안정, 조화에서 가치를 찾아냈다고 할까요? 결론적으로 프로이트를 외향적이라고 한다면, 융은 내향적이라고 말할 수 있겠지요.

언뜻 보기에 미국인들은 외향형이 더 많을 것 같은데, 미국 전체 인구의 30퍼센트 정도가 내향적인 사람이라고 합니다. 30퍼센트라고 하면 적지 않은 숫자이지요. 어쩌면 외향적인 척 애쓰는 사람이 많을 수도 있습니다. 혹시 당신도 애써 외향적인 사람처럼 행동하나요?

외향형과 내향형 중 어느 한쪽으로 자신을 정의 내릴 필요는 전혀 없습니다. 어떤 관점이든 모두 소중하고 의미가 있으니까요. 하지만 어떤 쪽이든 너무 억지로 연기하면 피로할 따름입니다.

살아가는 동안 구원이 필요할 때도 있겠지요.

인간관계의 거센 파도에 휩쓸리더라도 자신을 잃지 않고 단단히 지켜 주세요.

--- ✳ ---

4장의 명언을 통해 행복한 인간관계를 만들어 내는 방법, 인간관계 속에서 행복해지는 방법을 찾았나요?

인간관계는 정말 어렵습니다. 우리의 마음이 복잡하니 인간관계도 복잡할 수밖에 없겠지요.

그럼 4장 도입부에서 소개한 여섯 가지 핵심을 다시 한번 간추려 볼까요.

고독은 멋진 감정이다

- 스스로 선택한 고독과 고립은 인간관계를 둘러싼 갈등에 대처하는 가장 훌륭한 방어 수단이다
- 고독은 나의 인생을 진실로 보람 있게 이끌어 주는 구원의 샘이다

인간관계로 인생이 달라진다

- 감사 인사를 받는 기쁨을 맛보면 기꺼이 선행을 베풀 것이다
- 사랑에 인색한 사람이 되지 말자
- 사랑에 빠지면 고통에는 둔감해진다

나는 내가 지켜야 한다

- 인간은 서로를 모르기 때문에 서로를 믿을 수밖에 없다

- 부모의 생각을 따를지, 아니면 부모를 반면교사로 삼을지, 모두 자기 의지로 결정할 수 있다

인간은 대립하는 존재다

- 당신을 비난하기 위해 다른 의견을 피력하는 것이 아니다. 차이는 당연하고 다르기에 의미가 있다
- 상대방을 이해하지 못할 때 상대를 바보라고 무시하는 사람이 있다

이 세상은 천국이 아니지만 지옥도 아니다

- 인간은 서로를 모르기 때문에 서로를 믿을 수밖에 없다
- 타인에게 도움을 줌으로써 자신이 설 자리를 마련하면 된다
- 혹시 자기 생각만 하지 않나? 빼앗는 자, 지배하는 자, 도망치는 자는 결코 행복해질 수 없다

타인을 향한 믿음과 신뢰가 행동하는 데 도움이 된다

- 타인에게 도움을 줌으로써 자신이 설 자리를 마련하면 된다
- 비밀을 무덤까지 가져갈 수 있는 사람은 많지 않다

4장을 읽고서 "나한테 딱 맞는 최고의 방법을 찾았어요!"하고 확신하는 사람은 드물 테지요. 아주 중요한 포인트입니다. 얄팍한 노하우만 믿고 모든 것이 잘될 것이라고 근거 없는 확신을 갖는 것이 인생에서 제일 위험한 일이기 때문이지요.

우리는 생각하는 힘을 갖고 있습니다. 다만 생각하는 일은 피곤합니다. 인생뿐 아니라 머릿속도 단순한 쪽이 편합니다.

그렇지만 정작 인간관계는 단순하지 않습니다. 지옥도 아니지만 천국도 아니지요. 애당초 이 세상이 천국이 아니기에 인간이 생각하는 힘을 갖추고 있는지도 모릅니다. 인생의 해법은 상황에 따라 달라지기 마련이지요. 따라서 계속해서 살피고 또 생각하는 것이 으뜸입니다.

4장의 문장들을 활용해 생각의 요령을 익혀 보세요. 아울러 꼬리에 꼬리를 무는 생각을 하는 동안 자신만의 맞춤 처방을 찾아서 행복에 한층 가까워지기를 간절히 바랍니다.

행복한
방황에서
행복한
인생으로

.

.

.

지금까지 이 책을 읽어 주신 여러분, 정말 감사합니다!

행복, 의욕, 자기긍정, 그리고 인간관계까지 모두 우리가 고민하고 방황하며 쉽게 답을 찾지 못하는 이야기들입니다.

심리학자들의 명언을 곱씹어 보면서 새삼 느낀 바가 있나요? 살아간다는 것은 최종 목적지가 정해지지 않은 여정을 꾸역꾸역 이어 나가는 일입니다. 하루하루 거듭되는 고민과 방황, 생각들이 켜켜이 쌓이는 과정이 바로 인생이라는 생각이 듭니다.

그 과정을 더 행복하게, 더 즐겁게, 더 미래지향적으로 이끌어 주는 나침반이 바로 심리학자들이 남긴 문장입니다.

살다 보면 버럭 화가 날 때도 있습니다. 슬플 때도 있지요. 억울할 때도 안타까울 때도 있고요. 하지만 온갖 시련을 꿋꿋이 버티고 극복해 내다 보면 기쁨이 찾아올 때도 있겠지요.

머리말에서도 말씀드렸듯이, 중요한 것은 자신에게 가장 적합한 해결책을 모색하는 일입니다. 바로 자신의 인생이기에 스스로 탐색하고 찾아낼 수밖에 없습니다.

책을 마무리하며, 심리학자의 말은 아니지만 여러분에게 도움이 될 만한 명언을 하나 소개하겠습니다.

"내일 죽을 것처럼 살아라, 영원히 살 것처럼 배워라!"

이는 인도의 정치가이자 정신적 지도자인 마하트마 간디Mahatma Gandhi가 남긴 말입니다. 만약 내일 죽는다면 지금 이 순간을 더할 나위 없이 소중히 여기며 살아가겠지요. 모든 순간이 당신의 소중한 인생임을 명심하면서 보내길 바랍니다. 그리고 배움은 스스로를 구하는 방법입니다. 배움으로써 우리의 뇌가 활성화되고, 뇌에 스위치가 켜지면 온갖 고통이 가벼워집니다.

프로이트, 융, 아들러의 문장에 덧붙여 간디의 명언을 가슴에 새긴다면 당신의 인생이 더 근사해질 수 있으리라 확신합니다.

언젠가 당신과 다시 만나서 이야기를 나누게 될 날을 기대하고 기다리고 있겠습니다. 아무쪼록 그날까지 행복하시기를!

옮긴이 **황소연**

대학에서 일본어를 전공하고 출판사 편집자를 거쳐 20여 년간 전문 번역가로 활동하고 있으며, '바른번역 글밥 아카데미'에서 출판번역 강의를 맡아 후배 번역가를 양성하고 있다. 머리가 아닌 마음으로 글을 옮겨 독자에게 따스한 미소를 선사하는 '미소 번역가'가 되기 위해 오늘도 일본어와 우리말 사이에서 행복한 씨름 중이다. 옮긴 책으로는 《철학자의 말에는 생존의 힘이 있다》, 《곁에 두고 읽는 서양철학사》, 《인생을 만들다》, 《생각 그물에 걸린 희망 건져올리기》, 《마음에 빨간약 바르기》, 《죽을 때 후회하는 스물다섯 가지》, 《내 몸 안의 뇌와 마음 탐험, 신경정신의학》, 《우울증인 사람이 더 강해질 수 있다》 등 100여 권이 있다.

어른에게도 헤매는 시간이 필요하다

초판 1쇄 인쇄	2025년 3월 18일
초판 1쇄 발행	2025년 3월 26일
지은이	스기야마 다카시
옮긴이	황소연
책임편집	이정
디자인	[★]규
책임마케팅	최혜령, 박지수, 도우리
마케팅	콘텐츠IP사업본부
해외사업	한승빈
경영지원	백선희, 권영환, 이기경, 최민선
제작	재영 P&B
펴낸이	서현동
펴낸곳	㈜오팬하우스
출판등록	2024년 5월 16일 제2024-000141호
주소	서울특별시 강남구 테헤란로 419, 11층(삼성동, 강남파이낸스플라자)
이메일	info@ofh.co.kr

ⓒ 스기야마 다카시

ISBN 979-11-94654-16-2 (03180)